U0564028

浙江电力零售市场交易

百问百答

曹建伟　金骆松　吴晶莹 等◎编

中国电力出版社
CHINA ELECTRIC POWER PRESS

内 容 提 要

随着浙江电力零售市场服务体系建设推进和电力零售平台正式启用，为帮助市场经营主体更好地理解和参与电力零售市场，浙江电力交易中心有限公司组织编写了《浙江电力零售市场交易百问百答》，以问答形式解答浙江电力零售市场从基础概念到具体操作指南等一系列问题。

本书共包含五章内容，主要介绍了电力市场概述、市场交易、交易平台、市场运营、绿电新型经营主体。

本书可作为电力市场从业人员、电力市场网格服务人员及各类市场经营主体学习浙江电力零售交易相关知识的参考书籍。

图书在版编目（CIP）数据

浙江电力零售市场交易百问百答/曹建伟等编. -- 北京：中国电力出版社，2025.6.
ISBN 978-7-5198-9616-4

Ⅰ. F426.61-44

中国国家版本馆 CIP 数据核字第 2024AR9293 号

出版发行：中国电力出版社
地　　址：北京市东城区北京站西街 19 号（邮政编码 100005）
网　　址：http://www.cepp.sgcc.com.cn
责任编辑：王蔓莉　田丽娜
责任校对：黄　蓓　王小鹏
装帧设计：张俊霞
责任印制：石　雷

印　　刷：三河市航远印刷有限公司
版　　次：2025 年 6 月第一版
印　　次：2025 年 6 月北京第一次印刷
开　　本：710 毫米×1000 毫米　16 开本
印　　张：7.25
字　　数：102 千字
定　　价：45.00 元

主编 曹建伟　金骆松　吴晶莹

成员 吕瑞扬　周　翔　贾　兴　程　杰　张晓龙

　　　　魏　骁　马　昊　何莹莹　李　峰

前 言

2015 年，国家启动新一轮电力体制改革以来，浙江率先被列为首批八个电力现货市场建设试点地区之一。经过近 10 年的探索发展，浙江已基本形成适应省情的中长期、现货、辅助服务、绿电绿证、批发、零售协同运作的全市场体系。

2021 年，《国家发展改革委关于进一步深化燃煤发电上网电价市场化改革的通知》（发改价格〔2021〕1439 号）文件发布后，浙江电力市场用户规模呈现爆发式增长，零售用户培育任重道远。

2022—2023 年，在前期充分验证的基础上，浙江先后推出电力零售交易平台和"e-交易"App，实现了电力零售交易全流程线上运营，发电企业、售电公司与电力用户多元主体竞争格局进一步打开。

根据浙江电力体制改革有关要求，浙江电力交易中心有限公司（简称浙江电力交易中心）于 2016 年 5 月 19 日注册成立，主要负责电力交易平台的建设、运营和管理，组织中长期市场交易，提供结算依据和服务；负责市场主体注册和管理，汇总电力交易合同，披露和发布市场信息等；配合调度机构组织现货交易；负责浙江电力市场管理委员会秘书处的日常工作。本次组织编写《浙江电力零售市场交易百问百答》，对省内电力零售交易业务流程、业务信息等内容进行了深入浅出的讲解。

需要说明的是，本书涉及大量政策法规及操作流程，具有一定的时效性。随着电力行业的快速发展，新政策文件的出台，以及电力零售交易平台及"e-交易"App 的迭代，可能跟实际情况有所差异，望读者朋友知晓。

囿于编者水平，对于书中的不足和疏漏之处，恳请各位读者批评指正。

编　者

2024 年 12 月

于浙江省电力交易中心有限公司

目 录

第一章 电 力 市 场 概 述

1. 什么是电力市场?

答:电力市场是电能生产者和使用者通过协商、竞价等方式,就电能及其相关产品进行交易、确定价格和数量的市场。

2. 电力市场的主要类型有哪些?

答:电力市场体系中各类市场的划分有不同的维度,一般有交易数量和额度、市场性质、交易品种、时间、竞争模式等维度。从主体参与对象维度划分,电力市场的主要类型有电力批发市场、电力零售市场等;从交易标的性质维度划分,电力市场的主要类型有电力实物市场、电力金融市场等;从交易品种维度划分,电力市场的主要类型有电能量市场、辅助服务市场、容量市场等;从时间维度划分,电力市场的主要类型有电力现货市场、电力中长期市场等;从竞争模式维度划分,电力市场的主要类型有单边市场、双边市场等。

3. 参与电力市场的成员有哪些?

答:电力市场的成员包括经营主体、电力市场运营机构和提供输配电服务的电网企业等。其中,经营主体包括参与电力市场交易的发电企业、售电公司、电力用户、储能企业、虚拟电厂、负荷聚合商等,根据交易结果使用输配电网。电力市场的运营机构包括电力交易机构、电力调度机构,为经营主体参与市场化交易提供平台服务。电网企业根据交易结果为经营主体提供输配电服务,按照国家政策收取输配电费用。电力市场参与成员如图 1-1 所示。

4. 什么是电力市场化改革?

答:电力市场化改革是指政府在确保必要监管的前提下,逐步减少对电力

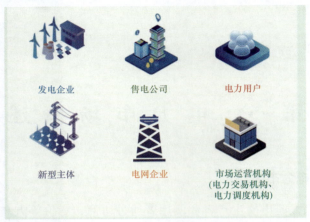

图 1-1　电力市场参与成员

产业的干预，并在电力价格确定和电力服务提供中引入市场机制的一系列改革措施。电力市场化改革涉及电力市场的各个环节，包括发电、输电、配电和售电等，旨在加快构建有效竞争的市场结构和市场体系，形成主要由市场决定电力价格的机制，推动电力运行管理模式从计划向市场的转变，有利于充分发挥市场在资源配置中的决定性作用，充分调动各类主体协同电力安全保障的主动性和积极性，保障电力安全稳定供应。同时，有利于支持中小企业发展和规范高耗能企业用能管理，推动以新能源为主体的新型电力系统构建，促进产业结构优化升级，助力碳达峰、碳中和目标的实现。

5. 我国电力体制改革进程是怎样的？

答：电力是关系国计民生的重要基础产业和公用事业，也是国民经济的重要组成部分和能源工业的中心。伴随改革开放，自 20 世纪 80 年代起，我国电力体制改革先后经历了集资办电、政企分开、厂网分开及市场建立阶段，以及以《中共中央　国务院关于进一步深化电力体制改革的若干意见》（中发〔2015〕9 号）（简称中发〔2015〕9 号文）发布为标志的新一轮电力体制改革。

（1）集资办电阶段（1985—1996 年）。1985 年 5 月，国务院颁布了《关于鼓励集资办电和实行多种电价的暂行规定》（国发〔1985〕72 号），拉开电力改革的帷幕，采用"集资办电"方式，鼓励地方、部门和企业投资、合理利用外资，拓宽了资金渠道，实现了从国家独家办电到多元化投资办电的突破。

（2）政企分开阶段（1997—2001年）。1996年12月，国务院下发了《国务院关于组建国家电力公司的通知》（国发〔1996〕48号），国家电力公司正式成立，按照政企分开的要求，电力工业部所属的企事业单位都划归国家电力公司管理。1998年3月，国务院机构改革，撤销电力工业部，电力工业的政府管理职能并入中华人民共和国国家经济贸易委员会。通过完成公司改制，实现政企分开，打破垄断，引入竞争，优化资源配置，建立规范有序的电力市场。

（3）厂网分离阶段（2002—2014年）。2002年2月，国务院下发了《电力体制改革方案》（国发〔2002〕5号），明确按照"厂网分开、竞价上网"的原则，将原国家电力公司一分为七，成立国家电网公司、中国南方电网有限责任公司两家电网公司和中国华能集团有限公司、中国大唐集团有限公司、中国国电集团有限公司（后并入国家能源投资集团有限责任公司）、中国华电集团有限公司、中国电力投资集团公司（后并入国家电力投资集团有限公司）五家发电集团。与此同时，在浙江等地区试点实行发电竞价上网，建立合理的电价形成机制，将电价划分为上网电价、输电电价、配电电价和终端销售电价。

（4）市场建立阶段（2015年至今）。2015年3月，中共中央、国务院发布了中发〔2015〕9号文，在进一步完善政企分开、厂网分开、主辅分开的基础上，按照"管住中间、放开两头"的体制架构，有序放开输配以外的竞争性环节电价，有序向社会资本开放配售电业务，有序放开公益性和调节性以外的发用电计划；推进交易机构相对独立，规范运行；继续深化对区域电网建设和适合我国国情的输配体制研究。

6. 什么是电力零售交易？

答：电力零售交易是指售电公司与工商业用户开展的电力交易活动的总称。

7. 为什么要开展售电侧改革和电力零售交易？

答：开展售电侧改革的原因有：一是有助于推进电力市场化进程。在传统的计划供电模式下，供电商之间缺乏竞争，导致市场效率低下。而通过售电侧改革，一方面，引入多元售电主体，由售电公司聚合中小用户参与批发市场，通过市场竞争，激发市场活力，提高服务质量；另一方面，也可增强市场流动性，加速批发市场价格收敛，促进市场更好地发现价格。二是满足消费者多样化的需求。随着经济的快速发展和社会的不断进步，人们对电力的需求也在不断增加，且呈现出个性化、多样化的特点。售电侧改革可以吸引更多的电力销售商，提供更多元化的产品和服务，满足消费者不同层次的需求，提高消费者的满意度。三是优化能源结构和智能电网建设，售电侧改革鼓励电力企业积极采用清洁能源，降低环境污染，推动能源结构的优化，同时售电侧改革也能促进智能电网的建设，应对日益增长的能源需求和电力系统的复杂性，提高电力系统的可靠性、经济性和安全性。

电力零售交易是售电侧改革的重要组成部分，其开展的原因主要包括以下几个方面：一是放开用户选择权，售电侧改革通过构建多个售电主体，放开用户选择权，形成"多买方—多卖方"的市场格局，电力零售交易正是这一市场格局下的重要交易方式，它允许用户自主选择售电公司进行交易，从而享受更加优质、个性化的电力服务。二是促进电力市场竞争，电力零售交易的开展进一步促进了电力市场的竞争，推动售电企业不断提高服务质量和经营效率，从而推动整个电力市场的健康发展。三是推动电力市场体系建设，电力零售交易是电力市场体系建设的重要一环，通过电力零售交易，可以形成更加完善、高效的电力市场体系，为电力市场的长期发展奠定坚实基础。

8. 浙江电力零售交易是如何发展的？

答：浙江电力零售交易的发展是一个伴随着电力市场化改革逐步推进和完善的过程。

（1）电力市场化改革启动。2015 年，随着中发〔2015〕9 号文的发布，启动了新一轮电力体制改革，旨在构建公平、开放、有序的电力市场体系，为浙江电力零售交易的发展奠定了基础。

（2）电力现货市场建设。2017 年，浙江被选为全国首批八个电力现货市场建设试点地区之一，标志着浙江电力市场改革进入了新的阶段。同年，浙江省政府和省发展改革委分别发布了《浙江省电力体制改革综合试点方案》（浙政发〔2017〕39 号）《浙江电力市场建设方案》（浙发改能源〔2017〕862 号）等配套文件，提出了构建以电力现货市场为主体、电力金融市场为补充的省级电力市场体系的目标。

2019 年，浙江电力现货市场正式启动模拟试运行。同年，还配套放开售电市场的交易，引入售电公司，开展四大行业用户售电市场交易，从售电侧推动电力的价值属性体现。

（3）电力市场化交易政策完善。为了更好地适应市场变化，浙江修订零售管理办法（浙发改能源〔2022〕298 号），市场化交易工作持续深入。2024 年 11 月，印发了《浙江电力零售市场实施细则（2.0 版）》，浙江电力市场建设进入新阶段，为建立规范、高效的电力零售市场，营造良好的零售市场环境提供有力支撑。

9. 如何解读《关于进一步深化燃煤发电上网电价市场化改革的通知》？

答：由国家发展改革委与国家能源局联合印发的《关于进一步深化燃煤发电上网电价市场化改革的通知》（发改价格〔2021〕1439 号）（简称《通知》），部署了进一步深化燃煤发电上网电价市场化改革工作，旨在加快推进电价市场化改革，完善主要由市场决定电价的机制，保障电力安全稳定供应。

《通知》指出，按照电力体制改革"管住中间、放开两头"的总体要求，进一步深化燃煤发电上网电价市场化改革，是发挥市场机制作用保障电力安全稳定供应的关键举措，是加快电力市场建设发展的迫切要求，是构建新型电力系统的重要支撑。

《通知》明确了四项重要改革措施：一是有序放开全部燃煤发电电量上网电价。燃煤发电电量原则上全部进入电力市场，通过市场交易在"基准价＋上下浮动"范围内形成上网电价。二是扩大市场交易电价上下浮动范围。将燃煤发电市场交易价格浮动范围由现行的上浮原则上不超过 10%、下浮原则上不超过 15%，扩大为上下浮动原则上均不超过 20%，高耗能企业市场交易电价不受上浮 20% 限制。三是推动工商业用户都进入市场。有序推动尚未进入市场的工商业用户全部进入电力市场，取消工商业目录销售电价。对暂未从电力市场直接购电的工商业用户由电网企业代理购电。鼓励地方对小微企业和个体工商户用电实行阶段性优惠政策。四是保持居民、农业、公益性事业用电价格稳定。居民（含执行居民电价的学校、社会福利机构、社区服务中心等公益性事业用户）、农业用电由电网企业保障供应，保持现行销售电价水平不变。

《通知》要求，强化保障措施，确保改革平稳落地。一是全面推进电力市场建设，有序放开各类电源发电计划，健全电力市场体系，加快培育合格售电主体。二是加强与分时电价政策衔接，加快落实分时电价政策，出台尖峰电价机制，做好市场交易与分时电价政策的衔接。三是避免不合理行政干预，要求各地严格按照国家相关政策推进电力市场建设，对市场交易电价合理浮动不得进行干预。四是加强煤电市场监管，及时查处违法违规行为，维护良好的市场秩序，指导发电企业特别是煤电联营企业合理参与电力市场报价。

此次进一步深化燃煤发电上网电价市场化改革，真正建立起"能跌能涨"的市场化电价机制，标志着电力市场化改革又迈出了重要一步，有利于更好地发挥市场在电力资源配置中的作用，促进电力行业高质量发展、保障电力安全稳定供应、支撑新型电力系统建设、服务能源绿色低碳转型。

10. 如何解读《浙江电力零售市场实施细则(2.0版)》？

答：为建立规范、高效的电力零售市场，营造良好的零售市场环境，依据有关法规政策和市场规则，结合浙江省实际情况，制定《浙江电力零售市场实施细则（2.0版）》（简称《细则》）。

《细则》适用于浙江省售电公司与零售用户之间开展的电力零售交易。

《细则》明确零售合同通过电力交易平台零售交易模块签订，采用电子合同签订，零售用户向售电公司购买电力零售套餐，并签订零售合同。零售套餐种类有固定价格套餐、比例分成套餐、市场联动价格套餐。零售交易组织包括零售合同签订和零售合同终止，零售合同签订需确认零售套餐，零售套餐确认方式分为明码标价方式和协商议价方式，明码标价方式包括五个环节，即套餐配置、套餐挂牌、下单、确认套餐信息和确认合同信息；协商议价方式分为六个环节，即零售用户要约邀请、售电公司响应、售电公司定制、下单、确认套餐信息和确认合同信息。

《细则》明确零售交易结算规范，包括零售交易结算流程、合同信息核对及处理、差错处理、偏差处理等。

第二章 市 场 交 易

11. 零售市场主体由哪些部分组成？

答：零售市场主体主要由售电公司和零售用户组成。

12. 什么是售电公司？

答：依据《售电公司管理办法》（发改体改规〔2021〕1595 号），售电公司是指提供售电服务或配售电服务的市场主体。售电公司在零售市场与电力用户确立售电服务关系，在批发市场开展购售电业务。

13. 售电公司如何注册入市？

（1）答：依据《浙江售电企业常态化市场注册操作指南》，售电公司注册入市步骤如下：填写信用承诺书和入市协议。按照《售电公司信用承诺书》和《售电公司入市协议》模板格式填写相关信息，由本单位法定代表人亲自签署并加盖单位公章。

（2）提交注册申请。登录浙江电力交易平台，在"用户注册"栏目中选择"售电公司"成员类型填写基本信息，上传注册申请所需材料，申请注册账号，提交注册申请，并对注册信息及提交材料的真实性、准确性、完整性负责。

（3）检查电子资料。浙江电力交易中心原则上在 7 个工作日内完成售电公司已上传电子材料完整性核验。材料不全或不符合规范要求的，售电公司应在接到"信息补充完善"的短信通知后，3 个工作日内对信息资料进行补充和完善，并重新提交。逾期未补充完善信息资料并重新提交的售电公司视为自动放弃注册。

（4）提交纸质资料。收到"纸质材料提交"的短信通知后，原则上，售电公司在 3 个工作日内按要求寄送注册申请相关材料。纸质资料请双面打印，请勿装订成册，逾期未提交纸质资料的售电公司视为自动放弃注册。

（5）注册信息公示。售电公司通过纸质资料核对后，浙江电力交易中心原则在 2 个工作日内通过浙江电力交易平台进行注册公示，公示期 1 个月。同时，推送"信用中国"网站。公示期满无异议的，注册完成。

（6）注册备案。当月公示结束后，浙江电力交易中心按月汇总售电公司注册生效情况，报送浙江省发展改革委（能源局）、浙江能源监管办和政府引入的第三方征信机构备案。

14. 售电公司注册信息变更包括哪几类？

答：依据《浙江售电企业注册信息变更操作指南》，售电公司注册信息变更包括重大信息变更和一般信息变更。其中，重大信息变更包含但不限于以下内容：

（1）公司股东、股权结构的重大变化。

（2）企业名称、法定代表人变更。

（3）营业执照经营范围变更（与售电相关内容）。

（4）按照《售电公司管理办法》（发改体改规〔2021〕1595 号）中售电量规模与资产总额的关系，发生影响售电量规模的资产总额变化。

（5）从业人员（高级、中级职称人员）变更。

（6）独立售电公司变更为拥有配电网运营权售电公司或拥有配电网运营权售电公司变更为独立售电公司。

（7）浙江省发展改革委（能源局）、浙江能源监管办等政府主管部门认定属重大信息变更的其他事项。

重大信息变更之外的信息变更属于一般信息变更。

15. 售电公司如何变更注册信息？

答：依据《浙江售电企业注册信息变更操作指南》，重大信息变更需再次履行承诺、公示等手续，公示期为 7 天，具体流程如下：

（1）填写信用承诺书或入市协议。按照《售电公司信用承诺书》或《售电公司入市协议》模板格式填写相关信息，由本单位法定代表人亲自签署并加盖

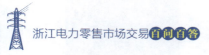

单位公章。

（2）提交注册信息变更申请。通过注册账号登录浙江电力交易平台，变更基本信息，上传信息变更相应材料，提交注册信息变更申请。

（3）检查电子资料。浙江电力交易中心完成售电公司已上传电子资料的形式检查。材料不全或不符合规范要求的，售电公司应在接到"信息补充完善"的短信通知后，对信息资料进行补充和完善，并重新提交。

（4）提交纸质资料。售电公司将信息变更申请相关材料原件及复印件提交至浙江电力交易中心。

（5）注册信息公示。浙江电力交易中心通过浙江电力交易平台进行注册信息变更公示。同时，推送到"信用中国"网站。公示期满无异议的，信息变更完成。

一般信息变更通过电子资料形式检查和纸质资料核对后变更生效，具体流程如下：

（1）提交注册信息变更申请。通过注册账号登录浙江电力交易平台，变更基本信息，上传信息变更相应材料，提交注册信息变更申请。

（2）检查电子资料。浙江电力交易中心完成售电公司已上传电子资料的形式检查。材料不全或不符合规范要求的，售电公司应在接到"信息补充完善"的短信通知后，对信息资料进行补充和完善，并重新提交。

（3）提交纸质资料。售电公司将信息变更申请相关材料原件及复印件提交至浙江电力交易中心。

16. 售电公司注销类型有哪些？

答：依据《浙江售电企业市场注销操作指南》，按注销意愿分类，可分为自愿注销与强制注销。

（1）自愿注销，指售电公司因自身原因主动要求退出相关市场售电业务，自愿申请注销在浙江电力交易平台及外省电力交易平台的注册。

（2）强制注销，指售电公司不能继续满足浙江电力市场准入条件或因违约、违反相关规定等原因被浙江省发展改革委（能源局）、浙江能源监管办强制退出浙江电力市场售电业务，注销售电公司在浙江电力交易平台的注册。

按退出售电业务的市场数量分类，可分为整体注销和部分注销。

（1）整体注销，指注销售电公司在所有从事售电业务省份（包括浙江）电力交易平台的注册。

（2）部分注销，指注销售电公司在部分从事售电业务省份（包括浙江）电力交易平台的注册，可继续参与未注销省份电力市场售电业务。售电公司进行部分注销的，浙江电力交易平台继续保留售电公司账号信息，仅用于售电公司后续信息变更等业务办理，但无权进行浙江电力市场售电交易相关操作。

17. 售电公司发生什么情形会被启动强制退市？

答：依据《售电公司管理办法》（发改体改规〔2021〕1595号）第二十八条规定：售电公司有下列情形之一的，经地方主管部门和能源监管机构调查确认后，启动强制退出程序：

（1）隐瞒有关情况或者以提供虚假申请材料等方式违法违规进入市场，且拒不整改的。

（2）严重违反市场交易规则，且拒不整改的。

（3）依法被撤销、解散，依法宣告破产、歇业的。

（4）企业违反信用承诺且拒不整改的。

（5）被有关部门和社会组织依法依规对其他领域失信行为做出处理的。

（6）连续3年未在任一行政区域开展售电业务的。

（7）出现市场串谋、提供虚假材料误导调查、散布不实市场信息等严重扰乱市场秩序的。

（8）与其他市场主体发生购售电合同纠纷，经法院裁定为售电公司存在诈骗等行为的，或经司法机构或司法鉴定机构裁定伪造公章等行为的。

（9）未持续满足注册条件，且未在规定时间内整改到位的。

（10）法律法规规定的其他情形。

18. 售电公司如何自主注销？

答：依据《浙江售电企业市场注销操作指南》，售电公司自愿申请退出售电市场，应提前 45 个工作日向电力交易机构提交退出申请，明确退出原因和计划的终止交易月。终止交易月之前（含当月），《购售电合同》由该售电公司继续履行，并处理好相关事宜。在浙江电力交易平台注册生效的售电公司，申请退出相关市场售电业务自愿注销流程如下：

（1）售电公司提交市场注销申请。售电公司通过注册账号登录浙江电力交易平台，选择浙江及其他拟退出售电业务的省份（整体注销或部分注销），上传相关附件，提交市场注销申请。售电公司注销在外省电力交易平台的注册所需材料请联系咨询相关电力交易中心。

（2）浙江电力交易中心核查电子资料。浙江电力交易中心在 5 个工作日内完成售电公司已上传电子材料的形式核查，并通知售电公司电子材料形式核查结果。如电子材料不全或不符合规范要求，售电公司应在接到通知后 3 个工作日内对信息资料进行补充和完善，并重新提交，逾期未重新提交的视为自动放弃本次市场注销。

（3）浙江电力交易中心核查退市事宜处理情况。浙江电力交易中心核查售电公司参与相关市场售电交易情况有：①核查售电公司在浙江电力市场售电交易情况，浙江电力交易中心书面通知电网企业进行售电公司费用支付、三方合同签订等情况核查，电网企业应在 5 个工作日内首次反馈核查受理情况；②核查售电公司在外省电力市场售电交易情况，浙江电力交易中心负责联系外省电力交易中心，提请同步核查售电公司在相关省退市事宜处理情况，外省电力交易中心应在 5 个工作日内反馈核查结果。

浙江电力交易中心收到相关方核查情况后，1 个工作日内通知售电公司核查结果。核查通过的，浙江电力交易中心通知售电公司提交纸质资料；核查不通过的，售电公司应在接到通知后 5 个工作日内妥善处理注销相关事宜，并重新提交，逾期未重新提交的视为自动放弃本次市场注销。

（4）售电公司提交资料。售电公司在收到浙江电力交易中心通知后，3 个工作日内将注销相关材料原件邮递或现场提交至浙江电力交易中心（浙江省杭州市江干区庆春东路 30 号，市场注册，电话 0571-51216666），浙江电力交易中心在 2 个工作日内完成纸质资料核对，并通知售电公司核对结果。纸质资料核对不通过的，售电公司应在接到通知后 3 个工作日内对纸质资料进行补充和完善，并重新提交，逾期未重新提交的视为自动放弃本次市场注销。

（5）浙江电力交易中心公示售电公司市场注销信息。浙江电力交易中心在完成纸质资料审核核对后，2 个工作日内通过浙江电力交易平台公示售电公司注销信息，公示期为 10 个工作日，并同步推送到"信用中国"网站。公示期满无异议的，浙江电力交易中心报浙江省发展改革委（能源局）、浙江能源监管办备案并生效售电公司市场注销。

（6）浙江电力交易中心公布并备案售电公司注销信息。浙江电力交易中心及时将已注销售电公司从售电公司目录中予以剔除，实行动态管理向社会公布。同时，浙江电力交易中心依据有关要求汇总售电公司市场注销情况，定期按时报送浙江省发展改革委（能源局）、浙江能源监管办和政府引入的第三方征信机构备案。

19. 什么是电力用户？

答：根据国标《高压电力用户用电安全》（GB/T 31989—2015），电力用户是从电网和发电厂接受电力供应的一方。

根据参加交易的方式，分为批发用户和零售用户，批发用户是指选择与发电企业直接交易的电力用户，零售用户是指由售电公司代理的电力用户。电力用户可选择与发电企业直接交易，也可选择通过一家售电公司代理交易，但只可选择一种方式，电力用户原则上应全电量参与电力市场化交易。

20. 电力用户如何注册？

答：根据《浙江电力市场管理实施细则（2.0 版）》，电力用户注册流程如下：

（1）申请。电力用户通过电力交易平台向电力交易机构提交的注册资料包括但不限于以下内容：主体身份信息及证明材料、用电单元信息等。

1）企事业单位及机关团体。主体身份证明材料主要有营业执照（或事业单位法人证书、宗教活动场所登记证、社会团体登记证等）、法定代表人（或负责人）有效身份证件（包括居民身份证、护照、港澳居民内地通行证、台湾居民内地通行证、军官证等）。

2）自然人。主体身份证明材料主要有自然人有效身份证件（包括居民身份证、护照、港澳居民内地通行证、台湾居民内地通行证、军官证等）。

3）用电单元信息应与所属电网企业登记信息保持一致，交易平台可根据电力用户填写的统一社会信用代码或户号及查询密码，自动获取用电档案信息。电力用户拥有多个用电户号时，严格按照户号信息添加多个用电单元。

（2）承诺。电力用户签订入市承诺书。

（3）形式审查及参数校验。电力交易机构收到电力用户提交的注册申请和注册材料后，在 5 个工作日内完成形式审查。对于注册材料不符合要求的，电力交易机构应通过短信或电话等方式予以一次性告知。

（4）注册生效。形式审查通过的电力用户，注册手续自动生效，纳入经营主体目录，电力交易机构及时公开及备案。

电力用户完成市场注册后，默认具有零售交易权限，参与零售市场交易；若要直接参与批发市场交易，则须向电力交易机构提交申请。

21. 电力用户如何更改信息？

答：根据《浙江用电企业注册及注册信息变更操作指南》，电力用户信息变更的，应向电力交易机构提交相关变更材料。用电企业名称、法定代表人变更、用电单元信息变更等重大信息变更的，需重新签订入市承诺书。信息变更材料通过电力交易机构核验后变更自动生效。具体变更流程如下：

（1）用电企业提交注册信息变更申请。用电企业登录交易平台，变更相关信息，上传信息变更相关材料，保存并提交信息变更申请。

（2）交易中心检查电子材料。交易中心在 5 个工作日内完成注册信息变更申请的形式检查。不符合规范要求或材料不全的，用电企业应在接到"信息补充完善"的通知后，3 个工作日内对信息资料进行补充和完善，并重新提交。逾期未重新提交的，视为自动放弃注册信息变更。

（3）注册信息变更生效。交易中心电子材料核对通过后，用电企业注册信息变更生效。

22. 电力用户如何参与电力零售交易？

答：零售用户向售电公司购买电力零售套餐，并签订零售合同。电力零售套餐是售电公司向零售用户销售电力并约定资费的一种销售形式。

23. 如何选择售电公司？

答：（1）浙江电力交易平台的"市场公示"栏目滚动更新已注册生效的售电公司目录，以及售电公司公布的业务联络方式，相关信息已在浙江电力交易中心有限公司微信公众号同步推送。

（2）用户可登浙江电力零售交易平台，通过售电公司列表，查看各售电公司店铺详情及售电公司上架的零售套餐。

（3）用户可优先选择信誉好、实力强、条件优、价格低的售电公司参与电力零售交易。

24. 如何选择零售套餐？

答：零售套餐有三种类型，分别是固定价格套餐、比例分成套餐和市场价格联动套餐三种，三种套餐种类均支持增加绿电销售。用户可根据自身生产经营情况和用电特性，比较不同套餐下的电费成本，选择最经济的方案。三种类型套餐介绍如下：

（1）固定价格套餐。售电公司与零售用户约定固定交易结算价格的零售套餐。固定价格套餐的特点是合同期内电价固定、维持不变。批发市场价格上涨时，无须承担涨价风险，但下降时，无法享受降价收益。不设置封顶条款时，套餐价格＝固定价格；设置封顶条款时，套餐价格＝固定价格和封顶价格的最小值。

【算例1】假设 A 零售用户设置封顶价格，封顶价格为零售套餐参考价格基础上上浮 0.6％，用户的计量电量为 3300kWh，该零售用户的绿电合同总量为 4000kWh，绿电环境权益的上限为 0.03 元/kWh。

1）套餐电费计算。

1月，A零售用户零售套餐参考价为0.457273元/kWh，用户的结算电量为3300kWh。封顶价格＝0.457273×（1＋0.006）＝0.460016638（元/kWh）。

由于固定价格0.465元/kWh大于封顶价格0.460016638元/kWh，因此，按照封顶价格计算，即A零售用户电费＝3300×0.460016638＝1518.05（元）。

A零售用户中长期电费为1518.05元。

注：实际情况下，零售用户48点结算电量合计值与月度结算电量存在差值，电费计算时，按照月度结算电量计算。

中长期零售合同价格见表2-1。

表2-1　　　　　　　　　　中长期零售合同价格

固定价格（元/kWh）	0.465
封顶价格上浮系数（%）	0.6

2）绿电环境权益电费计算。绿电零售合同量价见表2-2。

表2-2　　　　　　　　　　绿电零售合同量价

绿电合同	合同电量（kWh）	环境权益电价（元）	所匹配的批发绿电合同的对应电厂上网电量（kWh）
合同1	3000	0.02	3000
合同2	1000	0.01	800

第一步：按照零售绿电合同顺序完成环境权益电量清分。

合同1：该零售用户绿电环境权益清分量为3000kWh。

合同2：该零售用户绿电环境权益清分量为3300－3000＝300（kWh）。

第二步：对零售用户绿电环境权益进行三取小（取整）见表2-3。

表2-3　　　　　　　　零售用户绿电环境权益三取小

绿电合同	合同电量（kWh）	零售用户绿电环境权益清分量（kWh）	所匹配的批发绿电合同的对应电厂上网电量（kWh）	三取小结果（kWh）	三取小结果（取整）（MWh）
合同1	3000	3000	3000	3000	3000
合同2	1000	300	800	300	0

合同1：绿电环境权益结算电费为：3000×0.02＝60（元）。

合同2：绿电环境权益结算电费为：0×0.01＝0（元）。

该零售用户环境权益总电费为：60＋0＝60（元）。

注：A 零售用户 1 月绿电环境权益电费在 2 月结算依据中体现。

（2）比例分成套餐。售电公司与零售用户约定分成基准价和分成比例，参照零售套餐参考价进行收益分享、风险共担的零售套餐。比例分成套餐的特点是批发市场价格上涨时，承担部分涨价风险，下降时，享受部分降价收益。支持分别设置分享降价收益的比例和分摊涨价风险的比例。不设置封顶价格时，套餐价格＝交易基准价－（交易基准价－零售套餐参考价）×甲方分成比例；设置封顶价格时，套餐价格＝min｛交易基准价－（交易基准价－零售套餐参考价）×甲方分成比例，封顶价格｝。

【算例 2】假设 A 零售用户设置封顶价格，封顶价格为零售套餐参考价格基础上上浮 0.6％，用户计量电量为 3300kWh。中长期零售合同价格见表 2-4。

表 2-4　　　　　　［算例 2］中长期零售合同价格

交易基准价格（元/kWh）	0.4666
封顶价格上浮系数（％）	0.6
收益比例（％）	80
损失比例（％）	90

1 月，A 零售用户零售套餐参考价为 0.457273 元/kWh，用户交易基准价格 0.4666－0.457273＞0，交易基准价与零售套餐参考价格差值为正（收益比例）。

分成价格＝0.4666－（0.4666－0.457273）×80％＝0.4591384(元/kWh)；

封顶价格＝0.457273×(1+0.006)＝0.460016638(元/kWh)；

套餐分成价格＝0.4591384 元/kWh 小于封顶价格 0.460016638 元/kWh；因此，按照套餐分成价格计算，即 A 零售用户电费＝3300×0.4591384＝1515.16（元）。

（3）市场联动套餐。售电公司与零售用户在零售套餐参考价基础上约定上浮费用或下浮费用作为交易结算价格的零售套餐。市场联动套餐的特点是成交电价随市场波动，承担全部市场价格波动风险。不设置封顶价格时，套餐价格＝零售套餐参考价（＋上浮价格/－下浮价格）；设置封顶价格时，套餐价格＝

min{零售套餐参考价(＋上浮价格/－下浮价格)，封顶价格}。

【算例3】 假设 A 零售用户设置封顶价格，封顶价格为零售套餐参考价格基础上上浮 0.6％，用户计量电量为 3300kWh。中长期零售合同价格见表 2-5。

表 2-5 　　　　　　　　　　[算例 3] 中长期零售合同价格

浮动电价（元/kWh）	上浮 0.002
封顶价格上浮系数（％）	0.6

1月，A 零售用户零售套餐参考价为 0.457273 元/kWh，封顶价格＝0.457273×(1＋0.006)＝0.460016638(元/kWh)。

A 零售用户套餐电价＝0.457273＋0.002＝0.459273 （元/kWh）；

套餐电价 0.459273 元/kWh 小于封顶价格 0.460016638 元/kWh；因此，按照套餐价格计算，即 A 零售用户电费＝3300×0.459273＝1515.6 （元）。

25. 什么是封顶条款？

答：选择带封顶条款的套餐后，结算时，取套餐价格和封顶价格的低值。所有零售用户、所有套餐均可设置价格封顶，即套餐价格大于等于封顶价格，按封顶价格结算；套餐价格小于等于封顶价格，按套餐价格结算。

【零售套餐参考价格计算】

零售套餐分时参考价格按自然月滚动计算，按每半小时形成每月 48 个分时参考价格，分别为对应时段年度交易分时均价、月度交易分时均价和日前市场分时均价的加权平均值，相关权重由市场化交易相关工作通知确定，计算公式为：

$$P_{套餐,t} = k_{年度} \times P_{年度,t} + k_{月度} \times P_{月度,t} + k_{现货} \times P_{现货,t} \qquad (2\text{-}1)$$

2025 年 1 月零售套餐分时参考价格见表 2-6。

表 2-6 　　　　　　　　　2025 年 1 月零售套餐分时参考价格

单位：元/kWh

时段	考价格	时段	考价格	时段	考价格	时段	考价格
0:00—0:30	0.479265	0:30—1:00	0.478363	1:00—1:30	0.466681	1:30—2:00	0.467812
2:00—2:30	0.457566	2:30—3:00	0.459937	3:00—3:30	0.449506	3:30—4:00	0.420117
4:00—4:30	0.394089	4:30—5:00	0.384659	5:00—5:30	0.388226	5:30—6:00	0.400713

时段	考价格	时段	考价格	时段	考价格	时段	考价格
6：00—6：30	0.382973	6：30—7：00	0.350647	7：00—7：30	0.341565	7：30—8：00	0.371802
8：00—8：30	0.369507	8：30—9：00	0.392251	9：00—9：30	0.401942	9：30—10：00	0.424261
10：00—10：30	0.455130	10：30—11：00	0.456206	11：00—11：30	0.502041	11：30—12：00	0.445351
12：00—12：30	0.467257	12：30—13：00	0.516029	13：00—13：30	0.458969	13：30—14：00	0.469846
14：00—14：30	0.495874	14：30—15：00	0.511678	15：00—15：30	0.487205	15：30—16：00	0.503967
16：00—16：30	0.535792	16：30—17：00	0.513277	17：00—17：30	0.490882	17：30—18：00	0.474240
18：00—18：30	0.457490	18：30—19：00	0.453226	19：00—19：30	0.467932	19：30—20：00	0.470847
20：00—20：30	0.519020	20：30—21：00	0.519586	21：00—21：30	0.522435	21：30—22：00	0.493014
22：00—22：30	0.462461	22：30—23：00	0.487303	23：00—23：30	0.506022	23：30—24：00	0.478547

式中：$P_{年度,t}$、$P_{月度,t}$、$P_{现货,t}$ 分别为时段 t 年度交易分时均价、月度交易分时均价和现货市场分时均价；k 为权重；$k_{年度}$、$k_{月度}$、$k_{现货}$ 分别为 0.7、0.2、0.1，带入公式计算。

零售用户 A 的零售套餐参考价格由其对应各时段实际用电量与分时参考价格加权计算形成，计算公式为：

$$P_{套餐} = \sum_t (Q_{用户,t} \times P_{套餐t}) / \sum_t Q_{用户,t} \qquad (2-2)$$

式中：$Q_{用户,t}$ 为零售用户全月各日在时段 t 用电量之和。

零售用户 A 全月分时用电量见表 2-7。

表 2-7　　　　　　　2025 年 1 月零售用户全月分时用电量

单位：kWh

时段	电量	时段	电量	时段	电量	时段	电量
0：00—0：30	50	0：30—1：00	50	1：00—1：30	50	1：30—2：00	50
2：00—2：30	50	2：30—3：00	50	3：00—3：30	50	3：30—4：00	50
4：00—4：30	50	4：30—5：00	50	5：00—5：30	50	5：30—6：00	50
6：00—6：30	80	6：30—7：00	80	7：00—7：30	80	7：30—8：00	80
8：00—8：30	80	8：30—9：00	80	9：00—9：30	80	9：30—10：00	80
10：00—10：30	80	10：30—11：00	80	11：00—11：30	80	11：30—12：00	90
12：00—12：30	80	12：30—13：00	80	13：00—13：30	80	13：30—14：00	80
14：00—14：30	100	14：30—15：00	60	15：00—15：30	60	15：30—16：00	80
16：00—16：30	100	16：30—17：00	100	17：00—17：30	100	17：30—18：00	60
18：00—18：30	100	18：30—19：00	100	19：00—19：30	100	19：30—20：00	85
20：00—20：30	100	20：30—21：00	100	21：00—21：30	80	21：30—22：00	85

注　实际情况中，会出现零售用户分时电量与月度总电量不一致的情况。

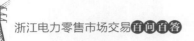

代入计算得：2025 年 1 月 A 零售用户零售套餐参考价格＝1509/3300＝0.457273（元/kWh）。

26. 如何签订零售套餐？

答：按照零售套餐确认方式，零售交易分为明码标价方式和协商议价方式，具体如下：

（1）明码标价方式包括五个环节，即套餐配置、套餐挂牌、下单、确认套餐信息和确认合同信息。

1）套餐配置。售电公司在满足系统套餐参数配置约束的前提下，进行套餐参数设置。

2）套餐挂牌。售电公司将配置完成的套餐在交易平台中挂牌发布。每个售电公司应至少在交易平台以明码标价方式发布一个套餐。

3）下单。零售用户从各售电公司已上架套餐中选定意向套餐。

4）确认套餐信息。零售用户确认其购买的套餐各项参数信息。

5）确认合同信息。零售用户查阅并确认零售合同。

（2）协商议价方式分为六个环节，即零售用户要约邀请、售电公司响应、售电公司定制、下单、确认套餐信息和确认合同信息。

1）零售用户要约邀请。零售用户向售电公司发出要约邀请。

2）售电公司响应。售电公司接受零售用户要约邀请。

3）售电公司定制。售电公司对已响应的要约邀请进行零售套餐定制化配置，并将配置完成的套餐发送给对应零售用户。

4）下单。零售用户从售电公司定制套餐中选择其意向套餐。

5）确认套餐信息。零售用户查看并确认其购买的套餐各项参数信息。

6）确认合同信息。零售用户查看并确认零售合同。

27. 如何获取零售交易的电子签章？

答：电子签章是一种将传统的纸质签证数字化，以电子文档形式将护照持有人签证上的所有信息储存在签证签发机关的系统中。电子签章办理成功后，可以将签章打印出来使用，与纸质签证具有相同的法律效力。要获取电子签章，需要进入电 e 签系统，在浏览器输入网址 https://pwsign.zj.sgcc.com.cn/sign_web，通过"手机号注册—个人认证—企业认证—材料上传—签章签名制作"流程制作。电 e 签系统界面如图 2-1 所示。

图 2-1　电 e 签系统界面

28. 售电公司如何挂牌？

答：挂牌是指售电公司上架套餐的过程。首先需要完成注册，缴纳履约保函，履约保函真伪查验生效后，登录零售交易平台，在右上角选择店铺管理后，选择用明码标价的方式维护，进行定制零售套餐，填写完信息后预览套餐无误，点击挂牌。

29. 售电公司发布的零售套餐下架后，原套餐零售用户如何处理？

答：套餐的下架不影响已签订的零售合同，原套餐零售用户继续履行已签订的零售合同。

30. 在一个合同期内，用户可否选择变更套餐类型或套餐参数？

答：暂不可以。如需变更套餐类型或参数的，需在双方协商一致的情况下，终止当前合同后，再重新签订新的零售合同。用户需严格按照每月 15 日前变更合同的要求，调整当月合同需执行完毕。

31. 若一个企业有多个用电户号，参与零售市场交易时，可以选择不同的售电公司吗？

答：对于同一个企业有多个用电户号的，企业可按用电户号与不同的售电

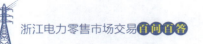

公司协商签约，也可选择同一售电公司协商签约。

32. 遇到哪些情况，电力零售合同会提前终止？

答：遇到以下情况时，电力零售合同会提前终止：

（1）因法律法规变更导致零售合同不满足法律法规有关要求的，购售双方应及时终止并新建零售合同，否则零售合同强制终止。

（2）电力用户因退出市场（销户、过户等）等原因不能继续履行零售合同的，零售合同终止或重新签订新的合同，并按照零售合同条款承担相应违约责任。

（3）售电公司因退出电力市场等原因不能继续履行零售合同的，零售合同终止。已签订尚未履约的合同按照《售电公司管理办法》（发改体改规〔2021〕1595 号）执行。

33. 零售交易结算的流程是什么？

答：依据《浙江电力零售市场实施细则（2.0 版）》，零售交易结算流程如下：

（1）原则上，每月 6 日前将零售用户市场化电量电费信息分批推送至售电公司核对确认。如有异议，售电公司应在收到电量电费信息后 48h 内进行反馈。

（2）根据交易平台传递的零售套餐相关信息，当月 25 日前完成零售用户及零售套餐信息核对，原则上，需同时满足下列条件：

1）零售套餐户号信息与电力户号信息一致。

2）用户满足零售市场入市资格。

3）交易平台签约时间不得早于电力立户时间。

（3）电网企业于当月 25 日前将不满足信息核对的情况反馈至电力交易机构。电力交易机构在当月底前告知相关售电公司和零售用户。不满足信息核对的用户，在零售合同生效前，电价按以下规定执行：

1）用户参与过零售交易、批发交易的，在原合同到期时退出市场，改由电网企业代理购电，执行 1.5 倍电网代理购电价格。

2）用户未参与过零售交易、批发交易的，原为代理购电用户按当月代理购电用户电价结算。

（4）零售用户按自然月抄表结算，分次电费按电网企业代理购电用户电价先行结算。终次结算按零售用户套餐参数及零售套餐参考价格计算，扣除分次电费后计算总电费并出具零售用户电费账单。

（5）电网企业根据零售套餐计算的交易结算价格（触发封顶的按照封顶价格），叠加分摊（享）费用、上网环节线损费用、输配电费、系统运行费用（包括辅助服务费用、抽水蓄能、容量电费等，下同）、政府性基金及附加等费用后，按分时电价政策规定的浮动比例计算各峰谷时段价格。

（6）售电公司零售侧收入按照零售套餐等参数和实际电量计算。

（7）因计量故障等原因产生电量差错的，由电网企业开展退补电费计算，经售电公司确认后出具零售用户电费账单。零售侧退补完成后，由电力交易机构调整售电公司批发侧结算依据，电网企业次月出具售电公司电费账单。

（8）零售用户违约用电和窃电引起的电量电费退补在国家政策未明确前，暂统一按违约用电差错月和窃电查处月电网企业代理购电用户电价进行计算，不纳入售电公司计算。

（9）零售用户因计量故障等原因产生电量差错，当月账期的差错按照零售套餐等参数计算退补电费，售电公司零售侧收入按照零售套餐等参数计算。历月账期的差错按照差错月电网企业代理购电价格计算退补电费，售电公司零售侧收入按照代理购电价格剔除发用两侧电能电费偏差等非市场化电费折价后计算。

（10）对于需要售电公司反馈市场化电费的退补，售电公司需在 5 个工作日内反馈，逾期则按差错月电网企业代理购电价格计算退补电费，不再计算用户偏差考核电费和其他电费，不纳入售电公司计算。

（11）市场主体对电费账单存在异议时，须先按账单金额交纳电费，待异议核实处理完毕后，通过电费追退补方式进行清算。

34. 采用套餐模式后，套餐价格是否包括损益电费、容量电费？

答：不包括，损益电费和容量电费由电网企业按照政府文件要求单独计算，叠加列入用户当月账单收取。

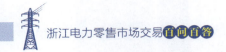

35. 零售用户电费账单如何组成?

答:零售用户电费账单包括市场化购电电费、输配电费、政府基金及附加费、系统运行费用、上网环节线损费用、发用电两侧电能电费偏差及其他。

36. 零售用户电费账单由谁出具?

答:零售用户电费账单由电网企业出具。电网企业根据交易平台传递的绑定关系、零售套餐、绿电量价等信息及抄表电量,计算零售交易电费,叠加分摊(享)费用、上网环节线损费用、输配电费、系统运行费用(包括辅助服务费用、抽水蓄能容量电费等)、政府性基金及附加等费用后,按照分时电价政策规定形成分时结算价格,形成零售用户结算总电费,出具零售用户电费账单。

37. 参与套餐模式的零售用户,账单和缴费方式有无变化?

答:账单和交费方式均没有变化。账单查询和缴费方式如下:

(1)账单查询。用户可在"网上国网"App中查询电费账单(仅包含总电量及电费)。如需获取电费明细账单,可至当地供电营业厅或联系客户经理获取。

(2)缴费方式。银行卡(存折)代扣缴费;支付宝、微信缴费;网上银行自助缴费;银联POS机刷卡缴费;供电营业厅POS机缴费、自助终端缴费;银行柜台缴费;供电营业厅柜台缴费;"网上国网"App平台缴费。

38. 零售用户购买零售套餐签订零售合同后,若有国家用电相关优惠政策是否还可以享受优惠政策?

答:符合国家用电优惠政策执行范围和条件的,零售用户按零售套餐结算后,仍可继续享受国家用电优惠政策。

39. 零售用户是否可以在平台上看到售电公司与其他零售用户的协商议价方式的电价参数信息?

答:不可以。协商议价方式电价信息为市场主体商业秘密,未经授权,不得对外公开。零售用户可在平台上查看售电公司明码标价方式的参数信息。

40. 零售用户分次电费为何要用电网企业代理购电价格结算？电网企业代理购电价格比与售电公司签约价格高，电网企业会不会多收钱？

答：根据《浙江电力零售市场实施细则（2.0版）》，零售用户按自然月抄表结算，分次电费按电网企业代理购电用户电价先行结算，终次结算按零售套餐约定电价及全月电量计算，扣除分次电费后计算总电费并出具零售用户电费账单，不存在电网企业多收钱的情况。

41. 零售用户对电费账单存在疑问，可通过哪些渠道咨询？

答：可咨询95598供电服务热线、国网浙江电力市场化服务窗口（杭州市拱墅区湖墅南路11号）或当地供电营业厅。

第三章　交　易　平　台

42. 什么是电力交易平台、电力零售交易平台和"e-交易"App?

答：电力交易平台是基于电力系统及电力市场理论和电力市场运行规则，应用计算机、网络通信、信息处理技术，支撑市场运营机构开展电力市场交易的各项业务，保障市场主体参与市场权益的技术支持系统。浙江电力交易平台（https：//zjpx.com.cn）如图 3-1 所示。

图 3-1　浙江电力交易平台

浙江电力零售交易平台是浙江电力交易平台的延伸和组成模块之一，专门用于支撑零售市场交易，为售电公司提供展示服务能力、价格水平，为零售用户提供"信息查询、比价购电"的一站式服务。浙江电力零售交易平台（https://zjpx.com.cn/retail/）如图 3-2 所示。

"e-交易"App 是电力交易平台的移动端，"e-交易"App 移动端如图 3-3 所示。

图 3-2　浙江电力零售交易平台

图 3-3　"e-交易"App 移动端

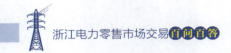
43. 谁可以登录电力交易平台?

答:完成注册的平台用户,可以售电公司、电力用户的身份登录电力交易平台。售电公司、电力用户注册审核流程如图 3-4 和图 3-5 所示。

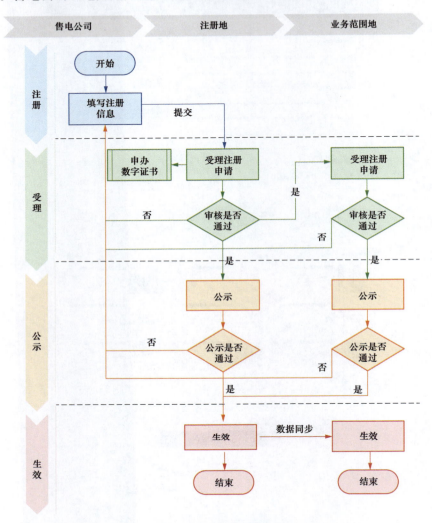

图 3-4　售电公司注册审核流程图

44. 如何登录电力交易平台?

答:完成注册的平台用户通过账号、密码登录浙江电力交易平台。如果忘记密码,可通过短信验证码找回密码,浙江电力交易平台找回密码如图 3-6 所示。

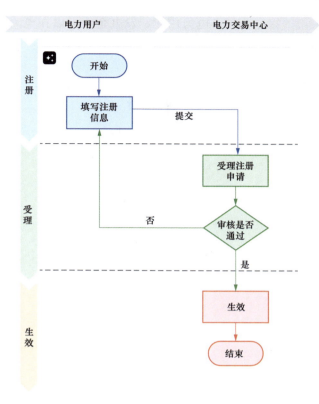

图 3-5　电力用户注册审核流程图

图 3-6　浙江电力交易平台找回密码

45. 电力零售交易平台有什么功能?

答：电力零售交易平台具备办理入市，零售交易、账号查询、企业信用查询和信息披露等功能，具体功能说明如下：

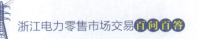

（1）办理入市。售电公司、电力用户、发电企业可以在电力交易平台注册入市，用户注册示意图如图 3-7 所示。

欢迎注册

按照实名注册的规定，您在下方注册时填写的姓名和证件号码必须与您的证件上的信息完全一致，填写的手机号码也需要是与该证件关联办理的。

登录账号	6-20位必须包含字母
密　　码	5-20位【字母，数字，特殊字符】
确认密码	5-20位【字母，数字，特殊字符】
姓　　名	请输入姓名
证件号码	请输入证件号码
手 机 号	请输入手机号
验 证 码	请输入验证码　　发送验证码

☐ 我已阅读《电力市场化交易风险告知书》和《平台使用协议》，并完全理解和同意，自愿承担电力市场交易中的各种风险引致的全部后果及损失。

注 册

已有账号? 登录

图 3-7　用户注册示意图

（2）零售交易。市场主体可以在电力零售交易平台参与电力零售交易，如图 3-8 所示。

（3）账号查询。市场主体可以通过统一社会信用代码和市场主体类型查询账号，账号查询如图 3-9 所示。

（4）企业信用查询。市场主体可以在零售交易平台上查看售电公司的信用，可以根据售电公司是否缴纳履约保函、入市时间的长短、注册资本的数额等信息来判断不同售电公司的信用，信用查询如图 3-10 所示。

图 3-8 电力零售交易平台零售交易

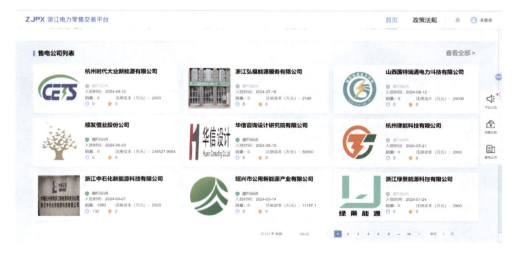

图 3-9 账号查询

图 3-10 信用查询

46. 如何获取电力零售交易平台操作指南？

答：通过以下步骤，可以获取电力零售交易平台操作指南：

（1）电力用户进入浙江电力交易平台，点击"零售平台"按键，进入零售平台，"零售平台"按键如图 3-11 所示。

图 3-11 "零售平台"按键

（2）点击浙江电力零售交易平台首页的"快速读懂如何买电"按键，如图 3-12 所示。

图 3-12 "快速读懂如何买电"按键

（3）点击"操作手册"按键，即可获取交易平台操作指南，如图 3-13 所示。

图 3-13 点击"操作手册"按键

47. 如何在电力交易平台查看披露信息？

答：通过以下步骤可以查看披露信息：

（1）进入交易平台官网，点击"信息披露"按键，如图 3-14 所示。

（2）选择你所要查看的信息，电力交易平台信息披露页面如图 3-15 所示。

图 3-14 点击电力交易平台"信息披露"按键

图 3-15　电力交易平台信息披露页面

48. 在电力交易平台遇到问题怎么办？

答：当市场主体在交易平台遇到问题，主要有以下两种方式可以帮助解决问题：

（1）交易中心客服热线。市场主体可以拨打热线电话 0571-51216666，向交易中心客服人员寻求帮助，电力交易平台服务热线如图 3-16 所示。

（2）官网意见反馈功能。市场主体可以扫描左下角二维码，填写在线文档反馈问题，电力交易平台意见反馈如图 3-17 所示。

图 3-16　电力交易平台服务热线

图 3-17　电力交易平台意见反馈

49. 怎么下载"e‐交易"App?

答：可以通过手机应用商店下载，扫描电力交易平台首页二维码，微信公众号下方"e‐交易"App 栏目中下载"e‐交易"App。

（1）手机应用商店下载。iOS 系统的手机可在 Appstore 搜索"e‐交易"下载，安卓系统的手机可在软件市场搜索"e‐交易"下载，iOS 系统和安卓系统"e‐交易"App 下载页面如图 3-18 所示。

（2）扫描电力交易平台首页上的二维码，进行下载，电力交易平台"e‐交易"App 二维码如图 3-19 所示。

（3）通过微信公众号下载。进入浙江电力交易中心有限公司微信公众号，选择最下侧"e‐交易"App，点击"e‐交易"App 下载，如图 3-20 所示。

50. 如何智能注册"e‐交易"App?

答：依托新一代电力交易平台，通过电子营业执照扫码授权自动从工商系统获取企业工商信息，实现"一零三免"（零费用，免材料、免审核、免等待）智能注册。具体操作如下：

（1）打开"e‐交易"App 进行交易，点击右下角"我的"，进入"我的"界面如图 3-21 所示。

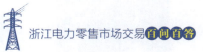

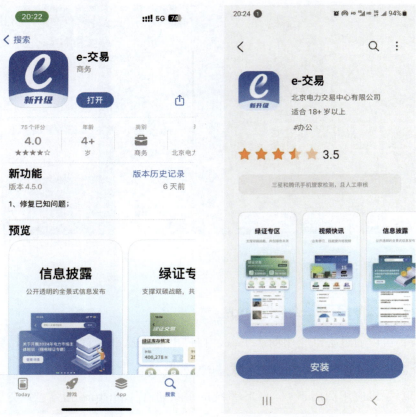

图 3-18　iOS 系统和安卓系统"e-交易"App 下载页面

图 3-19　电力交易平台"e-交易"App 二维码

图 3-20　浙江电力交易中心有限公司微信公众号"e-交易"App 下载

（2）点击"登录"，再点击左下角"注册账号"，登录界面"注册账号"按键如图 3-22 所示。

（3）在弹出的页面选择浙江站点，并完成账号注册、企业认证、用电单元添加后即可完成注册，"e-交易"注册界面如图 3-23 所示。

51. 如何登录"e-交易"App?

答："e-交易"App 的账号与电力交易平台一致。若没有账号，电力用户可在 App 上智能注册，注册流程见第 50 问。具体操作流程如下：打开"e-交易"App 交易，点击右下角"我的"，进入登录界面，输入账号和密码后，点击"登录"，"e-交易"登录界面如图 3-24 所示。

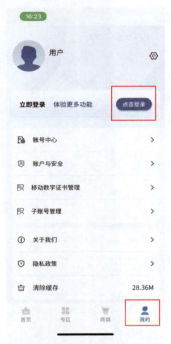

图 3-21 "我的"界面

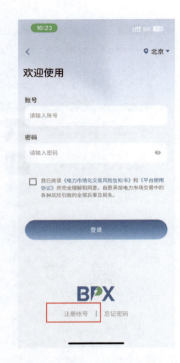

图 3-22 登录界面"注册账号"按键

图 3-23 "e-交易"注册界面

图 3-24 "e-交易"登录界面

52. "e-交易" App 有哪些功能?

答:"e-交易" App 具备电力用户注册、电力零售交易、市场培训、绿电交易、绿证交易、信息披露等功能,具体如下:

(1) 电力用户智能注册。依托新一代交易平台,通过电子营业执照扫码授权自动从工商系统获取企业工商信息,实现一零三免"智能注册,智能注册流程见第 50 问。

(2) 零售商城。零售商城为零售用户提供电商式零售交易服务,零售用户可在线对比、选择售电公司及套餐,有效提升参与电力零售交易的便捷性和透明度。明码标价方式如图 3-25 所示,协商议价方式如图 3-26 所示,明码标价方式与协商议价方式的介绍见第 26 问。

图 3-25　明码标价方式　　　　图 3-26　协商议价方式

(3) 绿电交易。包含绿电交易、绿电申报信息确认、结算情况查询共三项功能,可在此进行绿电申购、绿电信息申报确认等操作。绿电交易如图 3-27 所示,绿电专区如图 3-28 所示。

图 3-27　绿电交易　　　　　　　　　图 3-28　绿电专区

（4）信息披露。信息披露专区涵盖电力市场信息，包括政策规则、市场运营、成员信息等多项内容，提供便捷的信息披露和查询渠道。"e-交易"信息披露如图 3-29 所示。

（5）培训专区。内含操作指南、知识图谱、培训视频、直播专区四大模块，提供一图读懂、培训短视频、操作指引等多种形式的市场培训材料。"e-交易"培训专区如图 3-30 所示。

（6）结算单确认。面向市场主体发布结算信息，方便用户及时查看、确认电价结算内容，对疑点、争议点及时提起申诉。"e-交易"结算单查询如图 3-31 所示。

（7）中长期双边申报。拓展批发交易公告列表、交易公告详情、申报方申报、确认方确认、申报结果查询等功能，解除用户进行业务操作时受时间和空间的限制，全面贯通批发零售全链条业务。"e-交易"交易公告如图 3-32 所示。

图 3-29　"e-交易"信息披露

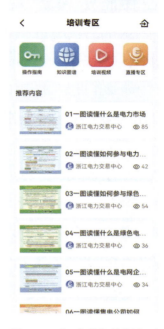

图 3-30　"e-交易"培训专区

图 3-31　"e-交易"结算单查询

图 3-32　"e-交易"交易公告

53. 如何获取"e-交易"App 的操作手册？

答：进入浙江电力交易中心有限公司微信公众号，下方栏目中点击"e-交易 App"，选择"e-交易 App 操作指南"，即可获得。浙江电力交易中心有限公司微信公众号"App 操作指南"按键如图 3-33 所示。

54. "e-交易"App 中遇到问题如何处理？

答：在"e-交易"App 中遇到问题，与电力交易平台遇到问题处理方法类似，电力交易平台问题处理方法见第 48 问，可以拨打电力交易中心客服热线电话 0571-51216666，向交易中心客服人员寻求帮助。

55. 如何在"e-交易"App 上查看披露信息？

答：查看公众信息无须登录"e-交易"App 账号，可直接点击"信息披露"进行查看，"e-交易"App"信息披露"按键如图 3-34 所示，"e-交易"App 信息披露页如图 3-35 所示。

图 3-33　浙江电力交易中心有限公司
微信公众号"App 操作指南"按键

图 3-34　"e-交易"App"信息
披露"按键

56. 目前，交易中心市场培训的渠道有哪些？

答：目前，交易中心市场培训主要有三种渠道，可通过"e-交易"App 培训专区、浙江电力交易中心有限公司微信公众号和视频号，以及浙江电力交易中心官方抖音号"浙江电小易"获取培训知识。

（1）"e-交易"App 培训专区。在"e-交易"App 首页，点击"培训专区"按键进入，可以查看操作指南、知识图谱、培训视频及培训直播。"e-交易"培训专区按键如图 3-36 所示。

图 3-35 "e-交易"App 信息披露页　　图 3-36 "e-交易"App 培训专区按键

（2）浙江电力交易中心有限公司微信公众号及视频号。微信搜索浙江电力交易中心有限公司公众号，进入微信公众号或视频号，即可获得最新市场培训知识。浙江电力交易中心有限公司微信公众号及视频号如图 3-37 所示。

（3）"浙江电小易"抖音号。抖音搜索并关注"浙江电小易"抖音号，时刻了解电力市场小知识。"浙江电小易"抖音号如图 3-38 所示。

图 3-37 浙江电力交易中心有限公司微信公众号及视频号

图 3-38 "浙江电小易"抖音号

第四章　市　场　运　营

57. 浙江省关于电力市场信息披露的文件以哪一份为准？

答：浙江省关于电力市场信息披露主要依据有国家能源局 2024 年 1 月 31 日发布的《电力市场信息披露基本规则》（国能发监管〔2024〕9 号）和浙江省能源监管办 2023 年 3 月 22 日发布的《浙江电力市场信息披露实施细则（暂行）》（浙监能市场〔2023〕4 号），两份文件冲突部分以《电力市场信息披露基本规则》为准。

58. 国家能源局印发《电力市场信息披露基本规则》的背景是什么？

答：新一轮电力体制改革以来，国家能源局先后出台了《电力中长期交易基本规则》（发改能源规〔2020〕889 号）、《电力现货市场信息披露办法（暂行）》（国能发监管〔2020〕56 号）、《电力辅助服务管理办法》（国能发监管规〔2021〕61 号）等有关文件，对电力市场信息披露工作分别提出要求，电力市场信息的公开度和透明度不断提高。随着电力体制改革深入，市场交易品种更加丰富，经营主体迅速增多，信息需求也不断增加，原有信息披露办法已不能满足电力市场化改革发展的需要。

作为全国统一电力市场体系建设的重要组成部分，信息披露工作一直备受各方关注。此前，电力中长期交易、现货交易、辅助服务信息披露分别由电力交易机构、电力调度机构负责，各地在实际工作中也存在平台界面不同、信息格式不统一、披露时限差异化等情况，各方意见反映比较一致。

为此，国家能源局组织编制了《电力市场信息披露基本规则》（国能发监管〔2024〕9 号）（简称《规则》），将信息披露相关工作进行整合，建立全国统一规范的"全市场、全品种、全周期、全主体"电力市场信息披露体系。其中，"全市场"覆盖中长期、现货、辅助服务等市场；"全品种"包含省内交易、省间交易、代理购电、绿电交易等交易品种；"全周期"包括依规开展年、季、月、周、日等时间维度披露；"全主体"涵盖发电、用户、售电公司、新型主体（含独立储能等）、电网企业及市场运营机构（包括电力交易机构和电力调度机构）。同时，《规则》明确了电力市场信息披露由电力交易机构统一负责实施，规范信息披露内容、格式和时限，建立信息披露平台，确保信息公开透明，进一步促进全国统一电力市场体系建设，着力破除市场分割。

59. 信息披露有哪些类型？

答：依据《电力市场信息披露基本规则》（国能发监管〔2024〕9号），按照信息公开范围，电力市场信息分为公众信息、公开信息、特定信息三类。

（1）公众信息是指向社会公众披露的信息。

（2）公开信息是指向有关市场成员披露的信息。

（3）特定信息是指根据电力市场运营需要向特定市场成员披露的信息。

60. 发电企业有哪些信息需要披露？

答：依据《电力市场信息披露基本规则》（国能发监管〔2024〕9号），发电企业需要披露的信息包括公众信息、公开信息、特定信息，具体如下：

（1）发电企业需要披露的公众信息包括：

1）企业全称、企业性质、所属集团、工商注册时间、统一社会信用代码、股权结构、法定代表人、电源类型、装机容量、联系方式等。

2）企业变更情况，包括企业更名或法定代表人变更，企业增减资、合并、分立、解散及申请破产的决定，依法进入破产程序、被责令关闭等重大经营信息。

3）与其他市场经营主体之间的股权关联关系信息。

4）其他政策法规要求向社会公众披露的信息。

（2）发电企业需要披露的公开信息包括：

1）电厂机组信息，包括电厂调度名称、所在地市、电力业务许可证（发电类）编号、机组调度管辖关系、投运机组台数、单机容量及类型、投运日期、接入电压等级、单机最大出力、机组出力受限的技术类型（如流化床、高背压供热）、抽水蓄能机组最大及最小抽水充电能力、静止到满载发电及抽水时间等。

2）配建储能信息（如有）。

3）机组出力受限情况。

4）机组检修及设备改造计划。

（3）发电企业需要向特定市场成员披露的特定信息包括：

1）市场交易申报信息、合同信息。

2）核定（设计）最低技术出力，核定（设计）深调极限出力，机组爬坡速率，机组边际能耗曲线，机组最小开停机时间，机组预计并网和解列时间，机组启停出力曲线，机组调试计划曲线，调频、调压、日内允许启停次数，厂用电率，热电联产机组供热信息等机组性能参数。

3）机组实际出力和发电量、上网电量、计量点信息等。

4）发电企业燃料供应情况、燃料采购价格、存储情况、供应风险等。

5）发电企业批发市场月度售电量、售电均价。

6）水电、新能源机组发电出力预测。

发电企业披露的公众信息、公开信息内容及披露时间或周期见表 4-1 的发电企业信息披露。

表 4-1　　　　　　　　　　发 电 企 业 信 息 披 露

序号	信息名称	信息内容	披露时间或周期	披露范围	备注
1	基本信息	企业全称、所属集团、工商注册时间、统一社会信用代码、股权结构、法定代表人、电源类型、装机容量、联系方式等	注册生效后披露，及时更新	公众	股权结构只披露直接股东及股份占比
2	变更情况	包括企业更名或法定代表人变更，企业增减资、合并、分立、解散或申请破产的决定，依法进入破产程序、被责令关闭等重大经营信息	注册生效后披露，及时更新	公众	
3	关联信息	直接或间接控股其他企业 25％以上的，双方被同一股东控股 50％以上的	注册生效后披露，及时更新	公众	

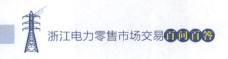

序号	信息名称	信息内容	披露时间或周期	披露范围	备注
4	电厂机组信息	包括电厂调度名称、所在地市、电力业务许可证（发电类）编号、机组调度管辖关系、投运机组台数、单机容量及类型、投运日期、接入电压等级、单机最大出力、机组出力受限的技术类型（如流化床、高背压供热）等	注册生效后披露，及时更新	公开	
5	抽蓄机组信息	包括最大发电能力、正常最小发电出力、最大抽水充电能力、正常最小抽水充电能力、静止到满载发电最小时间、静止到满载抽水最小时间、机组解列到重新并网最小间隔时间等	注册生效后披露，及时更新	公开	
6	配建储能信息（如有）	额定充（放）电功率、最大调节容量、最大充（放）电功率、额定充（放）电时间、最大持续充（放）电时间	注册生效后披露，及时更新	公开	
7	机组出力受限情况		及时披露	公开	
8	机组检修及设备改造计划		年	公开	

61. 售电公司有哪些信息需要披露？

答：依据《电力市场信息披露基本规则》（国能发监管〔2024〕9号），售电公司需要披露的信息包括公众信息、公开信息、特定信息，具体如下：

（1）售电公司需要披露的公众信息包括：

1）企业全称、企业性质、售电公司类型、工商注册时间、注册资本金、统一社会信用代码、股权结构、经营范围、法定代表人、联系方式、营业场所地址、信用承诺书等。

2）企业资产信息，包括资产证明方式、资产证明出具机构、报告文号（编号）、报告日期、资产总额、实收资本总额等。

3）从业人员信息，包括从业人员数量、职称及社保缴纳人数等。

4）企业变更情况，包括企业更名或法定代表人变更，企业增减资、合并、分立、解散及申请破产的决定，或者依法进入破产程序、被责令关闭等重大经营信息，配电网运营资质变化等。

5）售电公司年报信息，内容包括但不限于企业基本情况、持续满足市场准入条件情况、财务情况、经营状况、业务范围、履约情况、重大事项、信用信息、竞争力等。

6）售电公司零售套餐产品信息。

7）与其他市场经营主体之间的股权关联关系信息。

8）其他政策法规要求向社会公众披露的信息。

（2）售电公司需要披露的公开信息包括：

1）履约保函、保险缴纳金额、有效期等信息。

2）拥有配电网运营权的售电公司应当披露电力业务许可证（供电类）编号、配电网电压等级、配电区域、配电价格等信息。

3）财务审计报告（如有）。

（3）售电公司需要向特定市场成员披露的特定信息包括：

1）市场交易申报信息。

2）与代理用户签订的购售电合同信息或者协议信息。

3）与发电企业签订的交易合同信息。

4）售电公司批发侧月度结算电量、结算均价。

5）可参与系统调节的响应能力和响应方式等。

售电公司披露的公众信息、公开信息内容及披露时间或周期见表4-2。

表 4-2　　　　　　　售 电 公 司 信 息 披 露

序号	信息名称	信息内容	披露时间或周期	披露范围	备注
1	基本信息	企业全称、企业性质、售电公司类型、工商注册时间、注册资本金、统一社会信用代码、股权结构、经营范围、法定代表人、联系方式、营业场所地址、信用承诺书等	注册生效后披露，及时更新	公众	股权结构只披露直接股东及股份占比
2	变更情况	包括企业更名或法定代表人变更，企业增减资、合并、分立、解散及申请破产的决定，或者依法进入破产程序、被责令关闭等重大经营信息，配电网运营资质变化等	注册生效后披露，及时更新	公众	

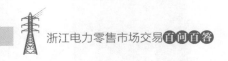
序号	信息名称	信息内容	披露时间或周期	披露范围	备注
3	关联信息	直接或间接控股 25％以上的，双方被同一股东控股 50％以上的	注册生效后披露，及时更新	公众	
4	资产信息	包括资产证明方式、资产证明出具机构、报告文号（编号）、报告日期、资产总额、实收资本总额等	年	公众	
5	从业人员信息	从业人员数量、职称及社保缴纳人数	年	公众	
6	售电公司年报	企业基本情况、持续满足市场准入条件情况、财务情况、经营状况、业务范围、履约情况、重大事项，信用信息、竞争力等	年	公众	
7	零售套餐产品信息（如有）		及时披露	公众	
8	履约保函、保险信息（如有）	各省履约保函（保险）缴纳金额、有效期等	及时披露	公开	
9	配电网运营有关信息（如有）	电力业务许可证（供电类）编号、配电网电压等级、配电区域、配电价格等	及时披露	公开	
10	财务审计报告（如有）		年	公开	

62. 电力用户有哪些信息需要披露？

答：依据《电力市场信息披露基本规则》（国能发监管〔2024〕9 号），电力用户需要披露的信息包括公众信息、公开信息、特定信息，具体如下：

（1）电力用户需要披露的公众信息包括：

1）企业全称、企业性质、行业分类、用户类别、工商注册时间、统一社会信用代码、法定代表人、联系方式、经营范围、所属行业等。

2）企业变更情况，包括企业更名或法定代表人变更，企业增减资、合并、分立、解散及申请破产的决定，依法进入破产程序、被责令关闭等重大经营信息。

3）与其他市场经营主体之间的股权关联关系信息。

4）其他政策法规要求向社会公众披露的信息。

（2）电力用户需要披露的公开信息包括：

1）企业用电类别、接入地市、用电电压等级、自备电源（如有）、变压器报装容量及最大需量等。

2）配建储能信息（如有）。

（3）电力用户需要向特定市场成员披露的特定信息包括：

1）市场交易申报信息。

2）与发电企业、售电公司签订的购售电合同信息或协议信息。

3）企业用电信息，包括用电户号、用电户名、结算户号、用电量及分时用电数据、计量点信息等。

4）可参与系统调节的响应能力和响应方式等。

5）用电需求信息，包括月度、季度、年度的用电需求安排。

6）大型电力用户计划检修信息。

电力用户披露的公众信息、公开信息内容及披露时间或周期见表4-3。

表 4-3 　　　　　　　　　电力用户信息披露

序号	信息名称	信息内容	披露时间或周期	披露范围	备注
1	基本信息	企业全称、企业性质、行业分类、用户类别、工商注册时间、统一社会信用代码、法定代表人、联系方式、经营范围、所属行业等	注册生效后披露，及时更新	公众	
2	变更情况	包括企业更名或法定代表人变更，企业增减资、合并、分立、解散或申请破产的决定，依法进入破产程序、被责令关闭等重大经营信息	注册生效后披露，及时更新	公众	
3	关联信息	直接或间接控股25%以上的，双方被同一股东控股50%以上的	注册生效后披露，及时更新	公众	
4	用电信息	用电类别、接入地市、自备电源（如有）、变压器报装容量及最大需量等	注册生效后披露，及时更新	公开	
5	配建储能信息（如有）	额定充（放）电功率、最大调节容量、最大充（放）电功率、额定充（放）电时间、最大持续充（放）电时间	注册生效后披露，及时更新	公开	

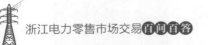

63. 新型主体有哪些信息需要披露？

答：依据《电力市场信息披露基本规则》（国能发监管〔2024〕9号），对独立储能需要披露的信息予以明确，虚拟电厂、负荷聚合商等其他新型主体信息披露要求根据市场发展需要另行明确。独立储能需要披露的信息包括公众信息、公开信息、特定信息，具体如下：

（1）独立储能需要披露的公众信息包括：

1）企业全称、企业性质、额定容量、工商注册时间、统一社会信用代码、股权结构、经营范围、法定代表人、联系方式等。

2）企业变更情况，包括企业更名或法定代表人变更，企业增减资、合并、分立、解散及申请破产的决定，依法进入破产程序、被责令关闭等重大经营信息。

3）与其他市场经营主体之间的股权关联关系信息。

4）其他政策法规要求向社会公众披露的信息。

（2）独立储能需要披露的公开信息包括：

1）调度名称、调度管辖关系、投运日期、接入电压等级、机组技术类型（电化学、压缩空气等）、所在地市。

2）满足参与市场交易的相关技术参数，包括额定充（放）电功率、额定充（放）电时间、最大可调节容量、最大充（放）电功率、最大持续充（放）电时间等。

（3）独立储能需要向特定市场成员披露的特定信息包括：

1）市场交易申报信息、合同信息。

2）性能参数类信息，包括提供调峰、调频、旋转备用等辅助服务的持续响应时长，最大最小响应能力、最大上下调节功（速）率、充（放）电爬坡速率等。

3）计量信息，包括户名、发电户号、用电户号、结算户号、计量点信息、充（放）电电力电量等信息。

独立储能披露的公众信息、公开信息内容及披露时间或周期见表4-4。

表 4-4　　　　　　　　　　独立储能信息披露

序号	信息名称	信息内容	披露时间或周期	披露范围	备注
1	基本信息	企业全称、企业性质、额定容量、工商注册时间、统一社会信用代码、股权结构、经营范围、法定代表人、联系方式等	注册生效后披露，及时更新	公众	股权结构只披露直接股东及股份占比
2	变更情况	包括企业更名或法定代表人变更，企业增减资、合并、分立、解散或申请破产的决定，依法进入破产程序、被责令关闭等重大经营信息	注册生效后披露，及时更新	公众	
3	关联信息	直接或间接控股 25% 以上的，双方被同一股东控股 50% 以上的	注册生效后披露，及时更新	公众	
4	储能设备信息	调度名称、调度管辖关系、投运日期、接入电压等级、机组技术类型（电化学、压缩空气等）、所在地市	注册生效后披露，及时更新	公开	
5	技术参数	额定充（放）电功率、最大调节容量、最大充（放）电功率、额定充（放）电时间、最大持续充（放）电时间	注册生效后披露，及时更新	公开	

64. 电网企业有哪些信息需要披露？

答：依据《电力市场信息披露基本规则》（国能发监管〔2024〕9 号），电力用户需要披露的信息包括公众信息、公开信息、特定信息，具体如下：

（1）电网企业需要披露的公众信息包括：

1）企业全称、企业性质、工商注册时间、统一社会信用代码、法定代表人、联系方式、供电区域等。

2）与其他市场经营主体之间的股权关联关系信息。

3）政府定价信息，包括输配电价、政府核定的输配电线损率、各类政府性基金及其他市场相关收费标准等。

4）代理购电信息，包括代理购电电量及构成、代理购电电价及构成、代理购电用户分电压等级电价及构成等。

5）其他政策法规要求向社会公众披露的信息。

（2）电网企业需要披露的公开信息包括：

1）电力业务许可证（输电类、供电类）编号。

2）发电机组装机容量、电量及分类构成（含独立储能）情况。

3）年度发用电负荷实际情况。

4）全社会用电量及分产业用电量信息（转载披露）。

5）年度电力电量供需平衡预测及实际情况。

6）输变电设备建设、投产情况。

7）市场经营主体电费违约总体情况。

8）需求响应执行情况。

（3）电网企业需要向特定市场成员披露的特定信息包括：

1）向电力用户披露历史用电数据、用电量等用电信息。

2）经电力用户授权同意后，应允许市场经营主体获取电力用户历史用电数据、用电量等信息。

电网企业披露的公众信息、公开信息内容及披露时间或周期见表4-5。

表 4-5 电网企业信息披露

编号	信息名称	信息内容	披露时间或周期	披露范围	备注
1	基本信息	企业全称、企业性质、工商注册时间、统一社会信用代码、法定代表人、联系方式、供电区域等	注册生效后披露，及时更新	公众	省间、省内
2	关联信息	直接或间接控股25%以上的，双方被同一股东控股50%以上的	注册生效后披露，及时更新	公众	省间、省内
3	政府定价信息	政府印发的电价政策相关文件、输配电价、政府核定的输配电线损率、政府性基金及附加等	收到文件后5个工作日内	公众	省间、省内
4	代理购电信息	代理购电量及构成、代理购电价及构成（含上网环节线损折价、系统运行费用折价等）、代理购电用户分电压等级电价及构成	月	公众	省内
5	电力业务许可证	电力业务许可证（输电类、供电类）编号	注册生效后披露，及时更新	公开	省间、省内
6	发电机组装机及发电总体情况	各类型电源（含独立储能）的装机容量、投产及退役容量、发电量等		公开	省间、省内

续表

编号	信息名称	信息内容	披露时间或周期	披露范围	备注
7	全社会及分产业用电量信息			公开	省间、省内
8	年度供需实际情况	电网最高负荷、负荷变化和供需情况	年	公开	省间、省内
9	年度电力电量供需预测	次年度供需预测情况（最高负荷、供需形势分析）	年	公开	省间、省内
10	输变电设备建设、投产情况	220kV及以上输变电设备年度建设投	年	公开	省内

65. 电力交易中心有哪些信息需要披露？

答：依据《电力市场信息披露基本规则》（国能发监管〔2024〕9号），电力交易中心需要披露的信息包括公众信息、公开信息、特定信息，具体如下：

（1）电力交易中心需要披露的公众信息包括：

1）电力交易中心全称、工商注册时间、股权结构、统一社会信用代码、法定代表人、服务电话、办公地址、网站网址等。

2）电力市场公开适用的法律法规、政策文件、规则细则类信息，包括交易规则、交易相关收费标准，制定、修订市场规则过程中涉及的解释性文档等。

3）业务标准规范，包括注册流程、争议解决流程、负荷预测方法和流程、辅助服务需求计算方法、电网安全校核规范、电力市场服务指南、数据通信格式规范等。

4）信用信息，包括市场经营主体电力交易信用信息（经政府部门同意）、售电公司违约情况等。

5）电力市场运行情况，包括市场注册、交易总体情况。

6）强制或自愿退出且公示生效后的市场经营主体名单。

7）市场结构情况，可采用赫芬达尔－赫希曼指数（Herfindahl-Hirschman index，HHI）、Top-m等指标。

8）市场暂停、中止、重新启动等情况。

9）其他政策法规要求向社会公众披露的信息。

（2）电力交易中心应当披露的公开信息包括：

1）报告信息，包括信息披露报告等定期报告、经国家能源局派出机构或者地方政府电力管理部门认定的违规行为通报、市场干预情况、电力现货市场第三方校验报告、经审计的收支总体情况（收费的电力交易机构披露）等。

2）交易日历，包括多年、年、月、周、多日、日各类交易安排。

3）电网主要网络通道示意图。

4）约束信息，包括发输变电设备投产、检修、退役计划，关键断面输电通道可用容量，省间联络线输电可用容量，必开必停机组名单及总容量，开停机不满最小约束时间机组名单等。

5）参数信息，包括市场出清模块算法及运行参数、价格限值、约束松弛惩罚因子、节点分配因子及其确定方法、节点及分区划分依据和详细数据等。

6）预测信息，包括系统负荷预测、电力电量供需平衡预测、省间联络线输电曲线预测、发电总出力预测、非市场机组总出力预测、新能源（分电源类型）总出力预测、水电（含抽水蓄能）出力预测等。

7）辅助服务需求信息，包括各类辅助服务市场需求情况，具备参与辅助服务市场的机组台数及容量、用户及售电公司总体情况。

8）交易公告，包括交易品种、经营主体、交易方式、交易申报时间、交易合同执行开始时间及终止时间、交易参数、出清方式、交易约束信息、交易操作说明、其他准备信息等必要信息。

9）中长期交易申报及成交情况，包括参与的主体数量、申报电量、成交的主体数量、最终成交总量及分电源类型电量、成交均价及分电源类型均价、中长期交易安全校核结果及原因等。

10）绿电交易申报及成交情况，包括参与的主体数量、申报电量、成交的主体数量、最终成交总量、成交均价等。

11）省间月度交易计划。

12）现货、辅助服务市场申报出清信息，包括各时段出清总量及分类电源中标台数和电量、出清电价、输电断面约束及阻塞情况等。

13）运行信息，包括机组状态、实际负荷、系统备用信息，重要通道实际输电情况、实际运行输电断面约束情况、省间联络线潮流、重要线路与变压器平均潮流、发输变电设备检修计划执行情况、重要线路非计划停运情况、发电机组非计划停运情况，非市场机组实际出力曲线，月度发用电负荷总体情况等。

14）市场结算总体情况，包括结算总量、均价及分类构成情况，绿电交易结算情况，省间交易结算情况，不平衡资金构成、分摊和分享情况，偏差考核情况等。

15）电力并网运行管理考核和返还明细情况，包括各并网主体分考核种类的考核费用、返还费用、免考核情况等。

16）电力辅助服务考核、补偿、分摊明细情况，包括各市场经营主体分辅助服务品种的电量/容量、补偿费用、考核费用、分摊比例、分摊费用等。

17）售电公司总体经营情况，包括售电公司总代理电量、户数、批发侧及零售侧结算均价信息，各售电公司履约保障凭证缴纳、执行情况、结合资产总额确定的售电量规模限额。

18）交易总体情况，包括年度、月度、月内、现货交易成交均价及电量。

19）发电机组转商情况，包括发电机组、独立储能完成整套设备启动试运行时间。

20）到期未取得电力业务许可证的市场经营主体名单。

21）市场干预情况原始日志，包括干预时间、干预主体、干预操作、干预原因，涉及《电力安全事故应急处置和调查处理条例》（中华人民共和国国务院令第 599 号）规定的电力安全事故等级的事故处理情形除外。

（3）电力交易中心需要向特定市场成员披露的特定信息包括：

1）成交信息，包括各类交易成交量价信息。

2）日前省内机组预计划。

3）月度交易计划。

4）结算信息，包括各类交易结算量价信息、绿证划转信息、日清算单（现货市场）、月结算依据等。

5）争议解决结果。

66. 信用保证有哪些形式?

答：信用保证形式为履约保函（保险），主要分为两种形式，即履约保函和履约保险。履约保函（保险）管理制度是电力交易机构为防范电力市场履约风险，加强合同履约管理，保障电力市场交易的规范运作和可持续发展而推行的一种风险防控办法。履约保函（保险）提交主体为售电公司，受益人为与其签署资金结算协议的电网企业。售电公司需要对电网企业已开展的交易及结算情况进行预估，及时开具并向电力交易机构提交真实、有效的履约保函（保险）。因此，履约保函（保险）是售电公司在进入电力市场交易前，应足额向电力交易机构提交形式符合要求、足额的信用保证，并对其提交的信用保证的真实性、有效性负责。

67. 履约保函(保险)如何开具?

答：履约保函与履约保险开具形式与开具单位不同，具体如下：

（1）履约保函。采用见索即付型保函，须由符合中国人民银行、原中国银行保险监督管理委员会发布的《系统重要性银行评估办法》及中国人民银行、国家金融监督管理总局认定的国内系统重要性银行开具。

（2）履约保险。采用出险理赔型保单，开具机构应当为具备国家金融监督管理总局批准设立、颁发保险经营业务许可资格且偿付能力达到《保险公司偿付能力管理规定》（中国银行保险监督管理委员会令2021年第1号）要求的持有有效企业营业执照的保险公司开具，按照《关于大型商业保险和统括保单业务有关问题的通知》（保监发〔2002〕16号）要求，履约保证保险应由保险公司及其分支机构对其《经营保险业务许可证》核准的经营区域以内的保险标的进行开具。

68. 履约保函(保险)缴纳有哪些格式内容和相关时间要求?

答：依据《浙江电力市场管理实施细则（2.0版）》，履约保函（保险）格式内容和相关时间要求如下：

（1）售电公司在交易执行年年度批发市场交易开展前 15 个工作日向电力交易中心提交履约保函（保险）原件及承诺书，承诺书需售电公司法定代表人签字并加盖售电公司公章。

（2）履约保函（保险）格式和内容应符合以下要求：

1）基本栏目：包括履约保函（保险）的编号、开立日期、各当事人（受益人、申请人、银行或保险机构）的完整名称、详细地址等。

2）履约保函（保险）金额：计价货币为人民币，保函（保险）担保金额随银行或保险机构已支付金额而自动递减。

3）有效期：保函（保险）仅适用于交易执行年度内的交易，有效期至少覆盖至年度结算结束后 30 个工作日，最迟不晚于下一年度的 12 月 31 日。若交易执行年内存在未消除的结算争议，争议对应的费用计入下一年度信用占用度；确需启用的，从下一年度保函（保险）中支取。

4）索赔方式：见索即付型保函或出险理赔型保单。

5）索赔时间：原则上，履约保函（保险）开立单位在收到电力交易机构出具的索赔通知及履约保函（保险）的原件后 7 个工作日内向受益人支付累计总额不超过担保金额的款项。具体可由保函（保险）相关方协商确定。

6）保函（保险）应载明：保函（保险）不可撤销，不得设立担保。

7）保函（保险）应包括以下条款：本保函（保险）根据浙江省发展改革委、浙江能源监管办和浙江省能源局发布的浙江电力市场有关规定相关要求开立。

（3）为追加信用保证金额而重新开立履约保函（保险）的售电公司，应当将重新开立的履约保函（保险）原件及承诺书一并提交至电力交易机构。

（4）电力交易机构收到售电公司提交的履约保函（保险）原件后，在 7 个工作日内向售电公司开具履约保函（保险）接收证明，并将履约保函（保险）金额、适用年度、有效期等信息推送资金结算机构。

（5）履约保函（保险）受益人为承担售电公司批发市场结算资金收取和支付职责的资金结算机构，现阶段为国网浙江省电力有限公司。

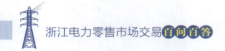

69. 履约保函(保险)缴纳的有什么金额要求?

答：依据《浙江电力市场管理实施细则（2.0 版）》，履约保函（保险）金额为售电公司提交的履约保函（保险）总金额。售电公司每个月初的前 3 个工作日，可根据其交易规模选择缴纳履约保函（保险），保函（保险）金额应大于履约风险评估值。信用占用度超过 90% 可随时补充缴纳。

70. 如何确定履约保函(保险)初始额度?

答：依据《浙江电力市场管理实施细则（2.0 版)》，售电公司参与批发和（或）零售市场交易前，按照以下原则计算并确定履约保函（保险）缴纳金额：

（1）履约保函（保险）金额由售电公司根据本年度预计年售电量计算确定。售电公司应在年度交易组织前，按要求向电力交易机构缴纳履约保函（保险）。

（2）参与电力市场交易的售电公司，需按以下额度的最大值向电力交易机构缴纳履约保函（保险）：①过去 12 个月批发市场交易总电量，按标准不低于 0.8 分/kWh；②过去 2 个月内参与批发、零售两个市场交易电量的大值，按标准不低于 5 分/kWh；③预计年售电量，按标准不低于 0.8 分/kWh。上述交易电量，统一取售电公司批发市场实际结算电量。同时，履约保函（保险）收取标准设置缴纳额度下限，缴纳额度最低为 200 万元。

（3）售电公司每月关注履约保函（保险）额度变化，确保履约保函（保险）额度持续满足（2）的要求，当售电公司因售电量增加导致已缴额度不足时，需进行补缴。

71. 如何计算履约风险?

答：依据《浙江电力市场管理实施细则（2.0 版)》，履约风险计算方法如下：

$$履约风险 = \sum 月度电费履约风险月度电费履约风险$$

$$= \max\{月度电费风险 - 月度电费已支付金额, 0\}$$

月度电费若已形成结算结果，月度电费风险取结算结果；未形成结算结果的，评估方法如下：

$$月度电费风险 = 中长期合约差价费用风险 + 批零价差费用风险$$

（1）中长期合约差价费用风险。按日滚动评估中长期合约差价费用风险。售电公司各时段合约电量、合约价格，与各时段近 D 日日前市场出清价格的算术平均值做差价结算，同时与各时段近 M 月现货市场分时均价（计算方法见《浙江电力零售市场实施细则》）的算术平均值做差价结算，两次差价费用的最高值若为正则取其值，若为负则取 0。D 暂取 7，M 暂取 3（均取可获取的最新数据）。

（2）批零价差费用风险。每月月度交易结束后，滚动评估批零价差费用风险为：

批零价差费用风险 ＝max｛预计售电量，中长期交易电量｝×0.8 分 /kWh

其中，预计售电量为售电公司签约零售用户的预计用电量之和，零售用户预计用电量＝历史同期用电量×调整系数，调整系数暂取 1.1，如零售用户立户时间不满 1 年，则预计用电量按照供用电合同容量×30×24×K 确定，其中，K 取值为 0.5。中长期交易电量取年度交易分月电量与月度交易电量之和。

72. 什么是履约保函(保险)补缴?

答：售电企业可根据其履约风险评估结果选择补缴履约保函（保险），电力交易中心收取补缴的履约保函（保险）后，应在 5 个工作日内将补缴的售电企业履约保函（保险）金额更新信息发送至资金结算机构。

73. 什么是履约保函(保险)撤回?

答：依据《浙江电力市场管理实施细则（2.0 版）》，若售电企业已提交的履约保函（保险）大于其履约风险，则售电公司可视已完成履约的情况，向电力交易中心申请撤回部分已提交的履约保函（保险）额度，电力交易中心核验通过后，对其进行相应履约保函（保险）额度的撤回。当年，存在未及时足额履约的售电公司，不得申请撤回履约保函（保险）。履约保函（保险）部分撤回后，剩余的履约保函（保险）应大于其初始额度、履约风险，且信用占用度不超过 90％。

74. 信用额度预警是什么?

答：依据《浙江电力市场管理实施细则（2.0 版）》，电交易中心基于售电公司信用占用度对其进行信用额度预警（暂取履约保函金额），信用占用度指市场主体的履约风险占其信用额度的比率。

（1）若信用占用度超过 60％，电力交易中心对售电公司发出黄色预警，售电公司应做好支付市场化交易结算费用、补充履约担保的准备。

（2）若信用占用度超过 80％，电力交易中心对售电公司发出橙色预警，售电公司应尽快采取支付市场化交易结算费用、补充履约担保等措施，避免信用占用度进一步升高。

（3）若信用占用度超过 90％，电力交易中心对售电公司发出红色预警，售电公司须在预警之日起 10 个工作日内补充履约担保或采取受益人认可的其他担保措施，降低信用占用度至 90％或以下。红色预警发出后第 10 个工作日，售电公司信用占用度恢复至 90％或以下的，电力交易中心根据信用占用度降级或解除预警。若信用占用度到达 100％，将依规则采取对该售电公司限制交易等相关措施。

75. 售电公司对履约保函(保险)的执行有异议如何处理?

答：依据《浙江电力市场管理实施细则（2.0 版）》，履约保函（保险）异议处理申请和处理流程如下：

（1）对履约保函（保险）执行事宜有异议的售电公司，于执行告知书发出之日起 5 个工作日内可向电力交易机构书面提出异议处理申请。

（2）电力交易机构自收到异议处理申请起 5 个工作日内组织异议双方开展协调工作。如果协调双方未达成一致，按争议解决有关规定执行。

（3）若出现特殊情况则按一事一议原则，由相关政府主管部门统筹处理。

76. 售电公司信用管理体系包括什么内容?

答：浙江省售电公司信用管理体系包括信用评价机制、信用档案机制和风险防控机制。

（1）信用评价机制。实行售电公司全周期信用管理，对已获得电力市场准入、在浙江电力市场注册生效并参与浙江电力市场交易的售电公司开展信用评价。

（2）信用档案机制。归集售电公司的基本信息、信用承诺、合同履约情况、信用评价等级、经认定的违法违规情况、被强制退市或执行联合惩戒的情形等，动态披露并共享至浙江省公共信用信息平台。

（3）风险防控机制。按照"守信激励、失信惩戒"的原则，依据信用评价等级对售电公司采取相应管控措施。

77. 售电公司信用评价工作包含哪几个流程？

答：售电公司信用评价工作流程包括参评名单公示、场内指标数据采集、场外指标数据采集、指标数据核对、核对异议受理、初评、初评结果公示、公示异议受理、结果报送、正式发布等环节。

78. 售电公司信用评价适用范围是什么？

答：售电公司信用评价适用于已获得电力市场准入、在浙江电力市场注册生效并参与浙江电力市场交易的售电公司。评价周期内未开展任何零售交易业务的售电公司，不做信用评价。

79. 售电公司如果对信用评价初评结果有异议该如何上报？

答：电力交易机构将售电公司信用评价等级初评结果对外进行公示，公示期为5个工作日，参评售电公司可查看本单位指标分值、参评总分、评价等级，社会公众可查看售电公司评价等级。售电公司若对初评结果有异议的，应说明理由并提供相关证明材料。逾期未反馈确认结果的，视为无异议。电力交易机构应在收到异议后5个工作日内完成数据核对、答复工作。若经营主体对电力交易机构给出的答复仍有异议，可向浙江省能源局、浙江能源监管办提请复核。

80. 售电公司信用评价等级对售电公司是否有影响？

答：依据《浙江电力市场管理实施细则（2.0版）》，按照"守信激励、失信惩戒"的原则，依据信用评价等级对售电公司采取相应管控措施。

（1）评价等级为 AAA 级，由电力交易机构予以颁发证书并进行宣传展示，并优先获选作为保底售电公司、市场管理委员会推荐单位的资格。

（2）评价等级为 B 级，电力交易机构对其发出书面通知，及时做出风险提示，并纳入重点监测名单。

（3）评价等级为 C 级，电力交易机构通过系统提示方式向经营主体发出风

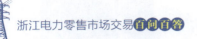

险提示，并纳入重点监测名单。

（4）评价等级为 D 级，电力交易机构将有关情况报送浙江省能源局、浙江能源监管办，由浙江省能源局、浙江能源监管办予以调查处理。

（5）对连续三次信用评价等级为 B 级的售电公司，其评价结果自动降为 C 级。

81. 售电公司是否可以对信用评价等级进行修复？

答：依据《浙江电力市场管理实施细则（2.0 版）》，若售电公司具体失信行为被行政机关或复议机关决定撤销、变更的，亦或被人民法院判决撤销、变更的，或履行相关义务的，可向电力交易机构提出信用修复申请，由电力交易机构核实有关情况。其中，法律法规和相关政策文件明确规定不可修复的情形，不得申请信用修复。

82. 售电公司信用修复有哪些流程？

答：依据《浙江电力市场管理实施细则（2.0 版）》，信用修复流程包括修复申请、资料核实与公示、公示异议处理和修复申请处理等流程。

（1）售电公司向电力交易机构提交《信用修复申请书》及相关证明材料（见附录 5、6）。

（2）收到申请后，电力交易机构在 5 个工作日内作出是否受理的决定，对于申请材料不齐全或者不符合规定形式的，予以驳回，并一次告知申请人需要补正的全部内容或驳回理由；对不属于受理范围的，应及时告知申请人理由；对符合修复条件的，应通过电力交易平台向社会公众公示，公示期为 5 个工作日。

（3）若经营主体有异议的，应在公示期内向电力交易机构提出异议，说明理由并提交相应证明材料，逾期视为无异议。

（4）经电力交易机构核实异议属实的，驳回售电公司修复申请。公示期满且无异议的，电力交易机构将修复情况报原认定惩戒措施的相关部门，经确认后，从次月起停止相应惩戒措施。在信用修复完成后，由电力交易机构将失信行为移出负面清单，并视情况更新信用评价结果，将更正后的信用评价结果报告浙江省能源局、浙江能源监管办，并更正发布售电公司信用评价等级。

第五章　绿　　电

83. 什么是绿电？

答：绿色电力（绿电）是指符合国家有关政策要求的风电（含分散式风电和海上风电）、太阳能发电（含分布式光伏发电和光热发电）、常规水电、生物质发电、地热能发电、海洋能发电等已建档立卡的可再生能源发电项目所生产的全部电量。

84. 什么是绿电交易？

答：绿电交易是指以绿色电力和对应绿色电力环境价值为标的物的电力交易品种，交易电力的同时提供国家核发的可再生能源绿色电力证书，用以满足发电企业、售电公司、电力用户等出售、购买绿色电力的需求。初期，参与绿色电力交易的发电侧主体为风电、光伏发电项目，条件成熟时，可逐步扩大至符合条件的其他可再生能源。

85. 什么是绿电零售交易？

答：绿电零售交易是指通过零售交易向售电公司购买绿电的电力交易活动。绿电零售交易不单独组织，提供绿电销售的售电公司，可在零售套餐中增加绿电销售内容，供零售用户自行选择。其中，绿电零售电能量价格按选定的零售套餐价格执行，绿电电能量电费与零售套餐合并计算，费用不单列。绿证单独结算，绿证价格按该零售用户对应绿电批发合同中绿证价格结算。绿电批发合同与零售用户对应关系由售电公司提交、零售用户确认生成。

86. 绿电批发交易的交易方式有哪些？

答：绿电批发交易方式主要包括双边协商交易和挂牌交易两种。

（1）绿电双边协商交易，是指经营主体之间自主协商交易电量、交易整体价格、绿证价格及合约曲线形成交易意向，在规定时间内通过电力交易平台完成交易申报与确认。

交易整体价格和绿证价格均按单一价格分别申报，按月分别确定，不再细分至每个时段；交易电量按交易周期内所有时段的分时电量申报，每天分为 24 个时段。购电方对信息进行核对、确认，确认无误后提交生成双边协商交易结果。

绿电双边协商交易成交整体价格和绿证价格按照双方协商达成的交易结果确定。

绿电双边协商交易合约曲线根据分时段成交结果形成，其中，每个时段的成交电量均分至对应的两个结算时段，形成 48 点合约曲线。

（2）绿电挂牌交易，是指经营主体在规定时间内，通过电力交易平台，将需求电量或者可供电量的数量、交易整体价格、绿证价格和合约曲线等信息对外发布要约，由符合资格要求的另一方提出接受该要约的申请。

交易整体价格和绿证价格均按单一价格分别申报，按月分别确定，不再细分至每个时段；交易电量按交易周期内所有时段的分时电量申报，每天分为 24 个时段。挂牌方进行挂牌操作，申报购入或售出的交易整体价格、绿证价格和交易电量，摘牌方进行摘牌操作后成交，成交整体价格为挂牌方申报的交易整体价格、绿证价格，成交电量为摘牌方申报的摘牌电量，支持对挂牌电量的部分电量进行摘牌，每笔摘牌的申报电量不得超过选定的该笔挂牌剩余电量，部分摘牌时各时段电量按挂牌比例进行等比例成交。如果同一笔挂牌被多家摘牌，则按时间优先原则成交。挂牌交易不限制挂摘牌次数，挂牌信息未被摘牌成功前均可以撤回，被成功摘牌后，不可撤回。

绿电挂牌交易合约曲线根据分时段成交结果形成，其中，每个时段的成交电量均分至对应的两个结算时段，形成 4 点合约曲线。

87. 哪些企业适合购买绿电？

答：适合购买绿电的企业类型多样，主要包括以下几类：

（1）具有绿色转型需求的企业。随着全球对环境保护和可持续发展的重视，越来越多的企业开始关注自身的绿色转型。购买绿电是实现这一目标的重要手段之一。这类企业通常希望通过使用绿色电力来减少碳排放，提升企业的环保形象，并履行社会责任。

（2）受政策驱动的企业。在多个国家和地区，政府都出台了相关政策来鼓励企业使用绿电。例如，一些国家通过设定可再生能源配额制、碳交易制度等方式，要求企业达到一定比例的绿色电力消费。在这些政策驱动下，企业为了遵守法规并避免罚款，会选择购买绿电。

（3）高耗能企业。高耗能企业，如钢铁、化工、水泥等企业，其电力消费量巨大，对环境的影响也更为显著。这类企业购买绿电不仅可以减少自身的碳排放，还可以提升产品的绿色竞争力，满足国内外市场对绿色产品的需求。

（4）出口型企业。对于出口型企业来说，绿色电力消费可以成为其产品出口的一大卖点。特别是在一些对环保要求较高的国家和地区，购买绿电可以帮助企业满足进口国的绿色贸易壁垒要求，提升产品的国际市场竞争力。

（5）科技企业。科技企业在绿色电力消费方面也表现活跃。这类企业通常具有较强的创新能力和社会责任感，愿意通过购买绿电来支持可再生能源的发展，并推动自身的绿色转型。同时，绿色电力也有助于提升科技企业的品牌形象和市场价值。

88. 绿电交易流程是什么？

答：绿电交易流程如下：

（1）交易公告发布。交易机构在电力交易平台发布交易公告，包括但不限于交易方式、交易时间安排、出清方式等信息。原则上，年度交易公告至少提前5个工作日发布，月度交易公告至少提前1个工作日发布。

（2）交易承诺书签订。各经营主体登录电力交易平台，进入相应交易序列后应阅读交易承诺书示范文本，并以点击确认的方式签订电力交易承诺书。未进行确认的，将无法进行交易申报。

（3）交易申报。各经营主体根据交易公告，开展交易申报，主要包括交易电量、交易整体价格、绿证价格等信息。申报电量单位为兆瓦时，保留整数；

交易整体价格单位为元/MWh，绿证价格单位为元/个，均保留两位小数。

（4）交易出清。各经营主体完成交易申报后，电力交易平台出清形成预成交结果。

（5）绿证对应月度总电量分解。若发电侧经营主体为分布式新能源聚合商，则聚合商需将每场交易的预成交结果绿证对应月度总电量分解至各分布式发电户号，形成批发侧绿证分解合同，未完全分解的剩余电量将在预成交结果校核环节调减。

（6）交易结果发布。电力交易机构按照相关要求在电力交易平台发布交易结果。

89. 如何进行绿电交易结算？

答：绿色电力交易按照相关中长期交易规则优先结算。电力交易机构负责向经营主体、电网企业出具绿色电力交易结算依据（其中，电能量部分次月结算，绿色电力环境价值部分次次月结算），纳入经营主体交易结算单按月发布，经营主体进行确认。电网企业按照电力交易机构出具的绿色电力交易结算依据，开展电费结算，并在用户电费账单中单列绿色电力环境价值电量、价格及费用。

绿色电力交易电能量部分与绿证部分分开结算：

（1）电能量结算。发电企业（含分布式聚合商）、批发用户及售电公司的绿电电能量作为中长期合约的一种，按差价合约方式进行结算，时段 t 的绿电合约差价电费为：

$$R_{绿电合约,t} = (P_{合约,t} - P_{日前,合约交割点,t}) \times Q_{合约,t}$$

式中：$R_{绿电合约,t}$ 为时段 t 的绿电合约差价电费，元；$P_{合约,t}$ 为经营主体时段 t 的绿电电能量合约价格，元/kWh；$P_{日前,合约交割点,t}$ 为合约交割点时段 t 的日前市场出清价格，元/kWh；$Q_{合约,t}$ 为经营主体时段 t 的中长期合约分解电量，kWh。

合约交割点为统一结算点。市场方案或相关通知等对合约交割点另有规定的，应服从其规定。

零售用户绿电电能量价格按其与售电公司约定的零售套餐结算。

考虑当前统调风电、光伏发电仍有 90% 政府授权合约电量，非统调（含分布式）风电、光伏发电未参与现货市场，省内绿电交易仅对绿证部分进行正式结算，电能量部分合约差价电费暂置 0，后续根据国家有关政策及市场运行情况适时调整。

（2）绿证结算。

1）发电企业结算。发电企业绿证部分按当月合同电量（分解后）、发电企业上网电量、电力用户用电量三者取小的原则确定结算量（以兆瓦时为单位取整数，在当前合同存续期内，尾差滚动到次月核算），以绿证价格次次月结算，费用单列。同一发电企业与多个电力用户签约的，该发电企业对应于各电力用户的上网电量按合同电量占比拆分确定。其中，针对地市结算的发电企业过户销户时，电网企业推送过户销户信息给交易中心，电力交易中心需在最近一个绿电结算周期内及时反馈结算依据至电网企业。

2）售电公司结算。售电公司绿证费用为其代理的零售用户绿证费用汇总数，次次月进行结算，各项费用单列。

3）批发用户结算。批发用户绿证部分按当月合同电量（分解后）、发电企业上网电量、电力用户用电量三者取小的原则确定结算量（以兆瓦时为单位取整数，在当前合同存续期内，尾差滚动到次月核算），以绿证价格次次月结算，费用单列。省间合同优先结算，省内合同次之。同一批发用户与省内多个发电企业/分布式发电户号签约，该批发用户对应于省内各发电企业/分布式发电户号的用电量按省内合同电量占比拆分确定。

4）分布式聚合商结算。以聚合形式参与绿电交易的，各分布式发电户号按当月合同电量（分解后）、发电企业上网电量、电力用户用电量三者取小的原则确定结算量（以兆瓦时为单位取整数，在当前合同存续期内，尾差滚动到次月核算），以绿证价格次次月结算，费用单列。同一分布式发电户号与多个电力用户签约的，该分布式发电户号对应于各电力用户的上网电量按合同电量占比拆分确定。若分布式电源过户销户时，电网企业推送过户销户信息给电力交易中心，电力交易中心需在最近一个绿电结算周期内及时反馈结算依据至电网企业。

5）零售用户结算。零售用户绿证费用根据批发侧结算结果在次月进行计算，并入次月电费单中。当零售用户存在多个零售绿电合同，按照绿电合同的顺序进行绿证费用计算。若绿电零售用户发生过户销户的，由售电公司确定零售用户当月绿证对应电量（零售用户绿电电量由售电公司在规定时间内提交零售平台，其中，电网企业在每日 8：00—14：00 推送过户销户信息的，售电公司 4h 内提交，每日 14：00 时—次日 8：00 推送的，售电公司在次日 12：00 前提交，逾期未提交的或提交时间晚于每月绿电电量提交截止时间的过户销户视为无绿证结算电量），售电公司需确保该次收取的绿色电力环境价值费用与该过户销户用户实际绿色电力环境价值一致。

绿证补偿费用按照批发合同明确的绿证偏差条款执行，由双方自行约定，由违约方向履约方支付补偿费用。偏差电量按照批发合同电量扣除已三取小后（取整前）的绿证量确定。以聚合形式参与交易的，补偿费用由分布式发电户号承担或享有。由于计量差错等原因引起的追退补情况，当绿证结算后不再进行追退补计算。

90. 什么是绿色电力证书？

答：绿色电力证书，即可再生能源绿色电力证书（简称绿证）是我国可再生能源电量环境属性的唯一证明，是认定可再生能源电力生产、消费的唯一凭证。国家对符合条件的可再生能源电量核发绿证，1 个绿证单位对应 1000kWh 可再生能源电量。绿色电力证书如图 5-1 所示。

图 5-1　绿色电力证书

91. 什么是绿证交易？

答：绿证交易是指市场主体通过绿证交易平台，以绿证为标的物开展的市场交易。绿证交易如图 5-2 所示。

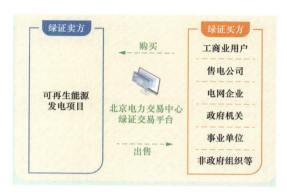

图 5-2　绿证交易

92. 绿证交易是否存在地理范围约束？

答：绿证交易不受地理范围约束，有绿证购买需求的用户可与任意绿证核发范围内发电企业开展绿证交易。

93. 绿证交易是否存在次数限制？

答：为防范市场炒作，保障电力市场平稳运行，绿证交易只可在发电企业与用户间开展 1 次。未来随着市场的发展和成熟，可逐步放开绿证交易次数限制。

94. 绿电交易与绿证交易的差异是什么？

答：绿电交易和绿证交易都基于绿色电力，均能支持企业的可再生能源使用声明，二者的差别在于是否实现"证电合一"。

绿证是可再生能源电力的环境价值凭证。可再生能源发电企业通过出售绿证获取环境价值收益，绿证的购买方则获得了声明权，即宣称自身使用了绿色能源。绿证交易并不依托于可再生电力的物理传递，是一种"非捆绑式"的交易方式。

不同于绿证交易的"证电分离"模式，绿电交易在实现绿证环境属性价值传递的同时，通过将绿证与能源合同捆绑，实现绿电生产消费的匹配性，将环境价值并轨到电力商品的供给、定价和结算。绿电交易和绿证交易对比如图 5-3 所示。

	绿电交易	绿证交易
参与主体	售电公司/批发用户	经营性电力用户和政府机关、事业单位等
交易标的	绿色电力产品(电力交易)	绿色电力证书(证书交易)
交易价格	电能量价格+环境价值 例：500元/mWh	环境价值 例：10元/张
交易周期	年度、月度、月内	工作日连续开市
参与方式	零售用户仅能通过售电公司参与市场 批发用户自行参与	零售用户自行购买或通过售电公司购买 批发用户、兜底用户、代理用户自行参与
交易结算	用电后结算	即时支付
证书获取	结算后获取 例：9月参与交易，10月用电，11月结算，结算后可获得证书	即时获得 例：9月参与交易，9月结算，9月可获得证书
2023年交易情况	82亿kWh	420000张(对应4.2亿kWh)

图 5-3　绿电交易与绿证交易对比图

第六章　新型经营主体

95. 新型经营主体都包含哪些市场主体？

答：新型经营主体包括新型储能、虚拟电厂、负荷聚合商、分布式电源、电动汽车充电设施、智能微电网等。

96. 新型经营主体参与电力市场有何意义？

答：新型经营主体参与电力市场有以下5方面重要意义：

（1）市场平衡和稳定性。新型经营主体参与可以帮助平衡供需关系，特别是在面对可再生能源波动性大的情况下，调节电力需求可以使电网更加稳定。

（2）灵活性和效率提升。通过参与市场，新型经营主体可以响应电价变化或电网需求，优化能源消耗、降低成本，提高能源利用效率。

（3）能源市场竞争力。不仅能减少个体用户的能源采购成本，还可以通过负荷聚合等方式，增加市场参与度，促进市场竞争和创新。

（4）可持续发展。支持可再生能源的集成和使用，通过负荷管理技术和虚拟电厂的建设，推动能源系统向更加可持续的方向发展。

（5）电网安全性。通过新型经营主体参与电力市场，能够提升电网的安全性和韧性，降低能源供应中断的风险。

97. 新型经营主体参与市场有何准入条件？

答：（1）电力用户基本条件。工商业用户原则上全部直接参与电力市场交易，暂未直接参与电力市场交易的工商业用户按规定由电网企业代理购电；具备相应的计量能力或者替代技术手段，满足电力市场计量和结算的要求。

（2）新型储能企业基本条件。与电网企业签订并网调度协议，接入电力调度自动化系统；具备电力、电量数据分时计量与传输条件，数据准确性与可靠性满足结算要求；满足最大充放电功率、最大调节容量及持续充放电时间等对应的技术条件，具体数值以相关标准或国家、地方有关部门规定为准；配建新型储能与所属经营主体视为一体，具备独立计量、控制等技术条件，接入电力调度自动化系统可被电网监控和调度，具有法人资格时，可选择转为独立新型储能项目，作为经营主体直接参与电力市场交易。

（3）虚拟电厂（含负荷聚合商）经营主体基本条件。与电网企业签订负荷确认协议或并网调度协议，接入新型电力负荷管理系统或电力调度自动化系统；具备电力、电量数据分时计量与传输条件，数据准确性与可靠性满足结算要求；具备聚合可调节负荷，以及分布式电源、新型储能等资源的能力；具备对聚合资源的调节或控制能力，拥有具备信息处理、运行监控、业务管理、计量监管、控制执行等功能的软硬件系统；聚合范围、调节性能等条件应满足相应市场的相关规则规定。

（4）分布式电源经营主体基本条件。依法取得发电项目核准或者备案文件；与电网企业签订负荷确认协议或并网调度协议，根据电压等级标准接入新型电力负荷管理系统或电力调度自动化系统；具备相应的计量能力或者替代技术手段，满足电力市场计量和结算的要求。

（5）电动汽车充电设施经营主体基本条件。具备相应的计量能力或者替代技术手段，满足电力市场计量和结算的要求；有放电能力的电动汽车充电设施，与电网企业签订负荷确认协议，接入新型电力负荷管理系统。

（6）智能微电网经营主体基本条件初期参照电力用户基本条件执行，后期视国家有关规定进行调整。

98. 新型储能主体如何在浙江电力交易平台注册？

新型储能主体注册流程如下：

答：（1）准备阶段。根据附录7要求，准备申请材料。

（2）新型储能企业提交注册申请。新型储能企业注册浙江电力交易平台（https://zjpx.com.cn）账号，选择"独立储能企业"市场主体类型完成企业认证，填写企业信息和机组参数，上传注册申请所需材料，提交注册申请。

（3）交易中心审查注册资料。浙江电力交易中心在 5 个工作日内完成新型储能企业上传材料完整性和规范性的形式审查。材料不全或不符合规范要求的，浙江电力交易中心通过浙江电力平台、短信给予告知。新型储能企业在接到通知后，应及时对信息资料进行补充和完善，并根据业务需求重新提交注册申请。

99. 虚拟电厂如何在浙江电力交易平台注册？

答：根据《浙江虚拟电厂（含负荷聚合商、分布式新能源聚合商）注册操作指南》（试行），虚拟电厂注册流程如下：

（1）填写注册申请及相关承诺书。按照模板填写注册申请表、信用承诺书和入市承诺书相关信息（见附录 8、9、10），由本单位法定代表人亲自签署并加盖单位公章。

（2）提交注册申请。虚拟电厂（含负荷聚合商、分布式新能源聚合商）注册浙江电力交易平台（https://zjpx.com.cn）账号，选择对应市场主体类型完成企业认证，填写基本信息，上传注册申请所需材料（见附录 7），提交注册申请。请务必如实反映股东构成情况，虚假信息引起的不良后果由市场主体自负。

（3）检查电子资料。浙江电力交易中心原则上在 7 个工作日内完成市场主体上传材料完整性和规范性形式的形式检查。材料不全或不符合规范要求的，浙江电力交易中心通过浙江电力交易平台、短信给予告知。市场主体在接到通知后，应及时对信息资料进行补充和完善，并根据业务需求重新提交注册申请。

（4）提交纸质资料。收到"纸质材料提交"的短信通知后，市场主体应按要求寄送注册申请相关纸质材料。纸质材料双面打印，请勿装订成册。

（5）注册信息公示。纸质资料审核无误后，浙江电力交易中心通过浙江电力交易平台进行注册信息公示，公示期 1 个月。同时，将公示信息报北京电力交易中心由北京电力交易中心统一推送信用中国公示。

（6）生效备案。公示期满无异议的市场主体，注册手续自动生效。浙江电力交易中心按月汇总注册生效情况，根据地方主管部门和能源监管机构要求进行备案。

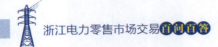

100. 负荷聚合商、分布式新能源聚合商如何在浙江电力交易平台注册?

答：根据《浙江虚拟电厂（含负荷聚合商、分布式新能源聚合商）注册操作指南》（试行），负荷聚合商、分布式新能源聚合商注册流程与虚拟电厂注册流程相同，参考问题 99。

附　　录

（1）《国家发展改革委关于进一步深化燃煤发电上网电价市场化改革的通知》（发改价格〔2021〕1439号）。

（2）《浙江电力零售市场实施细则（2.0版）》。

（3）《浙江省电力零售套餐指南（2025年版）》。

（4）《浙江省电力零售套餐表单》。

（5）信用修复资料清单。

（6）信用修复申请书。

（7）新型储能企业注册、注册信息变更申请附件材料要求。

（8）虚拟电厂（含负荷聚合商、分布式新能源聚合商）注册申请表。

（9）虚拟电厂（含负荷聚合商、分布式新能源聚合商）经营主体信用承诺书。

（10）虚拟电厂（含负荷聚合商、分布式新能源聚合商）入市承诺书。

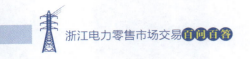

附录 1：国家发展改革委关于进一步深化燃煤发电上网电价市场化改革的通知

发改价格〔2021〕1439 号

各省、自治区、直辖市及计划单列市、新疆生产建设兵团发展改革委，华能集团、大唐集团、华电集团、国家电投集团、国家能源集团、国投电力有限公司，国家电网有限公司、中国南方电网有限责任公司、内蒙古电力（集团）有限责任公司：

为贯彻落实党中央、国务院决策部署，加快推进电价市场化改革，完善主要由市场决定电价的机制，保障电力安全稳定供应，现就进一步深化燃煤发电上网电价市场化改革及有关事宜通知如下：

一、总体思路

按照电力体制改革"管住中间、放开两头"总体要求，有序放开全部燃煤发电电量上网电价，扩大市场交易电价上下浮动范围，推动工商业用户都进入市场，取消工商业目录销售电价，保持居民、农业、公益性事业用电价格稳定，充分发挥市场在资源配置中的决定性作用、更好地发挥政府作用，保障电力安全稳定供应，促进产业结构优化升级，推动构建新型电力系统，助力碳达峰、碳中和目标实现。

二、改革内容

（一）有序放开全部燃煤发电电量上网电价。燃煤发电电量原则上全部进入电力市场，通过市场交易在"基准价＋上下浮动"范围内形成上网电价。现行燃煤发电基准价继续作为新能源发电等价格形成的挂钩基准。

（二）扩大市场交易电价上下浮动范围。将燃煤发电市场交易价格浮动范围由现行的上浮不超过 10％、下浮原则上不超过 15％，扩大为上下浮动原则上均不超过 20％，高耗能企业市场交易电价不受上浮 20％限制。电力现货价格不受上述幅度限制。

（三）推动工商业用户都进入市场。各地要有序推动工商业用户全部进入电力市场，按照市场价格购电，取消工商业目录销售电价。目前，尚未进入市场的用户，10 千伏及以上的用户要全部进入，其他用户也要尽快进入。对暂未直接从电力市场购电的用户由电网企业代理购电，代理购电价格主要道过场内集中竞价或竞争性招标方式形成，首次向代理用户售电时，至少提前 1 个月通知用户。已参与市场交易、改为电网企业代理购电的用户，其价格按电网企业代理其他用户购电价格的 1.5 倍执行。

鼓励地方对小微企业和个体工商户用电实行阶段性优惠政策。

（四）保持居民、农业用电价格稳定。居民（含执行居民电价的学校、社会福利机构、社区服务中心等公益性事业用户）、农业用电由电网企业保障供应，执行现行目录销售电价政策。各地要优先将低价电源用于保障居民、农业用电。

三、保障措施

（一）全面推进电力市场建设。加强政策协同，适应工商业用户全部进入电力市场需要，进一步放开各类电源发电计划；健全电力市场体系，加快培育合格售电主体，丰富中长期交易品种，加快电力现货市场建设，加强辅助服务市场建设，探索建立市场化容量补偿机制。

（二）加强与分时电价政策衔接。各地要加快落实分时电价政策，建立尖峰电价机制，引导用户错峰用电、削峰填谷。电力现货市场未运行的地方，要做好市场交易与分时电价政策的衔接，市场交易合同未申报用电曲线及市场电价峰谷比例低于当地分时电价政策要求的，结算时购电价格按当地分时电价峰谷时段及浮动比例执行。

（三）避免不合理行政干预。各地要严格按照国家相关政策要求推进电力市场建设、制定并不断完善市场交易规则，对电力用户和发电企业进入电力市场不得设置不合理门槛，不得组织开展电力专场交易，对市场交易电价在规定范围内的合理浮动不得进行干预，保障市场交易公平、公正、公开。国家发展改革委将会同相关部门进一步加强指导，对地方不合理行政干预行为，通过约谈、通报等方式及时督促整改。

（四）加强煤电市场监管。各地发展改革部门要密切关注煤炭、电力市场动态和价格变化，积极会同相关部门及时查处市场主体价格串通、哄抬价格、实施垄断协议、滥用市场支配地位等行为，电力企业、交易机构参与电力专场交易和结算电费等行为，以及地方政府滥用行政权力排除、限制市场竞争等行为，对典型案例公开曝光，维护良好的市场秩序。指导发电企业特别是煤电联营企业统筹考虑上下游业务经营效益，合理参与电力市场报价，促进市场交易价格合理形成。

各地发展改革部门要充分认识当前形势下进一步深化燃煤发电上网电价市场化改革的重要意义，统一思想、明确责任，会同相关部门和电力企业精心做好组织实施工作；要加强政策宣传解读，及时回应社会关切，增进各方面理解和支持，确保改革平稳出台、落地见效。

本通知自 2021 年 10 月 15 日起实施，现行政策与本通知不符的，以本通知规定为准。

国家发展改革委

2021 年 10 月 11 日

附录 2：浙江电力零售市场实施细则（2.0 版）

1 总述

为建立规范、高效的电力零售市场，营造良好的零售市场环境，依据有关法规政策和市场规则，结合浙江实际，制定本细则。

2 适用范围

本细则适用于浙江电力零售市场的运营管理。

3 引用文件

（1）《中共中央国务院关于进一步深化电力体制改革的若干意见》（中发〔2015〕9 号）。

（2）国家发展改革委 国家能源局《售电公司管理办法》（发改能源规〔2021〕1595 号）。

（3）国家发展改革委《关于进一步深化燃煤发电上网电价市场化改革的通知》（发改价格〔2021〕1439 号）。

（4）国家发展改革委 国家能源局《电力中长期交易基本规则》（发改能源规〔2020〕889 号）。

（5）《电力中长期交易基本规则－绿色电力交易专章》（发改能源〔2024〕1123 号）。

（6）浙江能源监管办 浙江省发展改革委 浙江省能源局《浙江电力现货市场规则》（浙监能市场〔2024〕4 号）。

4 术语定义

零售交易：指零售用户自主选择售电公司进行购电的电力交易活动。

零售用户：指通过零售交易向售电公司购电的工商业用户。

绿电零售用户：指通过零售交易向售电公司购买绿电的工商业用户。

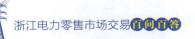
绿色电力证书（以下简称绿证）：是国家对发电企业每兆瓦时可再生能源上网电量颁发的具有唯一代码标识的电子凭证，作为绿色电力环境价值的唯一凭证。

电网企业代理购电用户：暂未直接从电力市场购电，由电网企业代理购电的工商业用户。

零售套餐：指售电公司与零售用户确定购售电结算价格的标准化商品，售电公司可根据自身经营特性制定相应的零售套餐，零售用户可自由选择购买。

5 交易周期

零售交易周期指零售合同执行周期，以自然月为基本单位，包括起始月份至终止月份。

6 零售套餐

（1）零售套餐是售电公司向零售用户销售电力并约定资费的一种销售形式。

（2）售电公司应在零售套餐中约定向零售用户售电的期限，即交易周期，原则上起始月份不早于次月，终止月份不晚于起始月份当年12月，按自然月生效。

（3）市场初期，售电公司与零售用户应按照《浙江省电力零售套餐指南》规定的零售套餐种类开展零售交易，除另有规定外不得约定套餐外条款。

（4）原则上，每年9月底前更新发布次年《浙江省电力零售套餐指南》，若未发布则沿用原有模式。

（5）零售套餐确认方式分为明码标价方式和协商议价方式。明码标价方式指售电公司按照规定的套餐种类，明确套餐各项参数并在交易平台中进行挂牌。协商议价方式指售电公司与零售用户按照规定的套餐种类，协商确定套餐各项参数并在交易平台提交零售套餐。

7 零售交易组织

7.1 基本要求

（1）售电公司和零售用户应在交易平台进行套餐管理、零售交易、电力零售交易合同（以下简称零售合同）维护、零售合同签订等操作。

（2）售电公司应至少在交易平台以明码标价方式发布一个套餐，并根据需要选择发布协商议价方式套餐。

7.2 组织时间

（1）原则上，每月 15 日前，售电公司和零售用户可在交易平台完成次月及以后生效的零售合同的签订或终止操作。零售合同的签订或终止以自然月为周期，相关市场方案或通知等文件另有规定的，从其规定。

（2）原则上，每月 15 日前，售电公司可在交易平台更新次次月套餐。套餐更新后将于当月 20 日统一上架。相关市场方案或通知等文件另有规定的，从其规定。

7.3 零售合同签订

零售用户向售电公司购买电力零售套餐，并签订零售合同。按照零售套餐确认方式，零售交易分为明码标价方式和协商议价方式。

7.3.1 明码标价方式交易流程

（1）套餐配置。售电公司在满足系统套餐参数配置约束的前提下，进行套餐参数设置。其中，各套餐可供应总电量应大于其缴纳的履约保函（保险）总金额对应的可交易电量的 35%，可交易电量参照《浙江电力市场管理实施细则》中履约保函（保险）初始额度确定的标准计算。

（2）套餐挂牌。售电公司将配置完成的套餐在交易平台中挂牌发布。每个售电公司应至少在交易平台以明码标价方式发布一个套餐。

（3）套餐下单。零售用户从各售电公司已上架套餐中选定意向套餐。

（4）确认套餐信息。零售用户查看并确认其购买的套餐各项参数信息。

（5）确认合同信息。零售用户查看并确认零售合同。

7.3.2 协商议价方式交易流程

（1）零售用户要约邀请。零售用户向售电公司发出要约邀请。

（2）售电公司响应。售电公司接受零售用户要约邀请。

（3）售电公司定制套餐。售电公司对已响应的要约邀请进行零售套餐定制化配置，并将配置完成的套餐发送给对应零售用户。

（4）套餐下单。零售用户从售电公司定制套餐中选择其意向套餐。

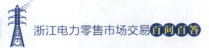

（5）确认套餐信息。零售用户查看并确认其购买的套餐各项参数信息。

7.4 零售合同终止

交易双方当事人中的一方或者双方，依照法律法规规定或者当事人的约定，终止零售合同。按照零售合同终止的方式，分为零售合同提前终止和零售合同到期终止。

7.4.1 零售合同提前终止流程

（1）零售合同存续期间，在双方协商一致的基础上，零售用户或售电公司均可发起终止零售合同申请。

（2）零售合同存续期间，电力用户因退出市场（包括电力用户销户、过户、用电类别改为居民或农业等）等原因不能继续履约零售合同，双方零售合同终止，并按照零售交易合同相应条款承担违约责任。

7.4.2 零售合同到期终止流程

电力零售套餐正常履约结束后，双方零售合同自动终止。

7.5 套餐下架

套餐下架分为人工下架和自动下架。

7.5.1 人工下架流程

每月 15 日前，售电公司可在交易平台发起套餐下架流程，当月 20 日下架生效。

7.5.2 自动下架流程

当明码标价方式的套餐完成销售或连续两个月无交易，套餐自动下架。明码标价方式的套餐完成销售是指其可供应的剩余总电量测算小于等于临界值（暂定为 1 兆瓦时），测算方法如下：

（1）零售用户下单后，售电公司的可供应剩余总电量按该零售用户去年同期总电量进行扣减。

（2）如零售用户立户时间不满一年，则月度电量按照供用电合同容量×30×24×K 确定，其中 K 取值为 0.5。

8 零售合同信息核对

（1）交易平台在每月 18 日前将次月全量零售用户及其对应售电公司信息、

次月执行的零售套餐量价参数传递至电网企业。

（2）电网企业根据交易平台传递的零售套餐相关信息，当月 25 日前完成零售用户及零售套餐信息核对，原则上需同时满足：①零售套餐户号信息与电力户号信息一致；②用户满足零售市场入市资格；③交易平台签约时间不得早于电力立户时间。

（3）电网企业于当月 25 日前将不满足信息核对的情况反馈至电力交易机构。电力交易机构在当月底前告知相关售电公司和零售用户。不满足信息核对的用户，在零售合同生效前，电价按以下规定执行：①用户参与过零售交易、批发交易的，在原合同到期时退出市场，改由电网企业代理购电，执行 1.5 倍电网代理购电价格；②用户未参与过零售交易、批发交易的，原为代理购电用户按当月代理购电用户电价结算。

9 合同签订要求

（1）售电公司与零售用户应参照合同示范文本签订零售交易合同。

（2）零售合同采用电子合同签订，经营主体应当依法使用可靠的电子印章，电子合同与纸质合同具备同等效力，不再另行签订纸质合同。为稳妥推进零售合同签订，可设置过渡期。经营主体需保证合同信息的真实性、完整性和准确性，如提供虚假合同造成的损失由责任方承担。

（3）售电公司与零售用户应在电力交易平台零售交易模块（包括网页端和移动端，以下简称交易平台）签订零售合同。交易机构应在具备条件时开放相关接口，为合同签订提供便利。交易机构应根据零售合同量价签订、封顶价格条款勾选等情况建立零售套餐风险预警机制。

（4）零售用户同一户号在一个零售合同执行周期内只能与同一售电公司签订一份零售合同。若同一户号下存在不同电压等级的计量点，同一户号下低电压等级的计量点电量一并参与交易和结算。

10 绿电零售交易

绿电零售交易不单独组织，提供绿电销售的售电公司，可在零售套餐中增加绿电销售内容，供零售用户自行选择。其中，绿电零售电能量价格按选定的零售套餐价格执行，绿电电能量电费与零售套餐合并计算，费用不单列。绿证单独结算，绿证价格按该零售用户对应绿电批发合同中绿证价格结算。绿电批发合同与零售用户对应关系由售电公司提交、零售用户确认生成。详见《浙江电力中长期交易实施细则—绿色电力交易专章》。

11 零售结算

（1）原则上，每月 6 日前将零售用户市场化电量电费信息分批推送至售电公司核对确认。如有异议，售电公司应在收到电量电费信息后 48 小时内进行反馈。

（2）根据交易平台传递的零售套餐相关信息，当月 25 日前完成零售用户及零售套餐信息核对，原则上，需同时满足：

1）零售套餐户号信息与电力户号信息一致；

2）用户满足零售市场入市资格；

3）交易平台签约时间不得早于电力立户时间。

（3）电网企业于当月 25 日前将不满足信息核对的情况反馈至电力交易机构。电力交易机构在当月底前告知相关售电公司和零售用户。不满足信息核对的用户，在零售合同生效前，电价按以下规定执行：

1）用户参与过零售交易、批发交易的，在原合同到期时退出市场，改由电网企业代理购电，执行 1.5 倍电网代理购电价格；

2）用户未参与过零售交易、批发交易的，原为代理购电用户按当月代理购电用户电价结算。

（4）零售用户按自然月抄表结算，分次电费按电网企业代理购电用户电价先行结算。终次结算按零售用户套餐参数及零售套餐参考价格计算，扣除分次电费后计算总电费并出具零售用户电费账单。

（5）电网企业根据零售套餐计算的交易结算价格（触发封顶的按照封顶价格），叠加分摊（享）费用、上网环节线损费用、输配电费、系统运行费用（包括辅助服务费用、抽水蓄能容量电费等，下同）、政府性基金及附加等费用后，按分时电价政策规定的浮动比例计算各峰谷时段价格。

（6）售电公司零售侧收入按照零售套餐等参数和实际电量计算。

（7）因计量故障等原因产生电量差错的，由电网企业开展退补电费计算，经售电公司确认后出具零售用户电费账单。零售侧退补完成后，由电力交易机构调整售电公司批发侧结算依据，电网企业次月出具售电公司电费账单。

（8）零售用户违约用电和窃电引起的电量电费退补在国家政策六明确前，暂统一按违约用电差错月和窃电查处月电网企业代理购电用户电价进行计算，不纳入售电公司计算。

（9）零售用户因计量故障等原因产生电量差错，当月账期的差错按照零售套餐等参数计算退补电费，售电公司零售侧收入按照零售套餐等参数计算。历月账期的差错按照差错月电网企业代理购电价格计算退补电费，售电公司零售侧收入按照代理购电价格剔除发用两侧电能电费偏差等非市场化电费折价后计算。

（10）对于需要售电公司反馈市场化电费的退补，售电公司需在 5 个工作日内反馈，逾期则按差错月电网企业代理购电价格计算退补电费，不再计算用户偏差考核电费和其他电费，不纳入售电公司计算。

（11）市场主体对电费账单存在异议时，须先按账单金额交纳电费，待异议核实处理完毕后通过电费追退补方式进行清算。

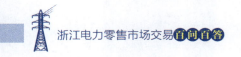

附录 3：浙江省电力零售套餐指南（2025 年版）

售电公司与零售用户应参照《浙江省售电公司与电力用户购售电合同（示范文本，2025 年版）（参考使用）》签订零售合同，其中，零售用户结算资费根据本文规定的零售套餐种类确定。

一、零售套餐种类

零售套餐种类包括固定价格套餐、比例分成套餐和市场价格联动套餐等。

（1）市场价格联动套餐：售电公司与零售用户在零售套餐参考价格基础上约定上浮费用或下浮费用作为交易结算价格的零售套餐。

（2）固定价格套餐：售电公司与零售用户约定固定交易结算价格的零售套餐。

（3）比例分成套餐：售电公司与零售用户约定分成基准价和分成比例，参照零售套餐参考价格进行收益分享、风险共担的零售套餐。

售电公司可提供绿电销售的，可在套餐中勾选绿电销售选项，增加绿电销售内容，供零售用户选择。上述三种套餐种类均支持增加绿电销售。

二、零售套餐确定方式

明码标价方式指售电公司按照以上三类零售套餐中一类或多类，明确套餐的各项参数，并在电力交易平台中挂牌，用户直接下单。

协商议价方式指售电公司与零售用户，按照以上三类零售套餐中的一类，协商确定各项参数，并在电力交易平台提交零售套餐。

1～10kV 及以下用电电压等级的零售用户可以通过明码标价方式或协商议价方式确定套餐，10kV 以上用电电压等级的零售用户仅能通过协商议价方式确定套餐。

三、零售套餐种类具体内容

（一）市场价格联动套餐

甲方用电户号各计量点的用电电量，以月度为结算周期，全电量按照市场价格联动方式结算。交易结算价格在零售套餐参考价格基础上□上浮/☑下浮____元/千瓦时。

甲乙双方约定全部电量（□是/□否）设置封顶价格，封顶价格为零售套餐参考价格基础上上浮____%（不超过最大上浮系数）。当按市场价格联动方式形成的最终交易结算电价高于封顶价格时，按照封顶价格结算。

甲乙双方约定（□是/□否）购买绿电及购买绿电电量。

（二）固定价格套餐

甲方用电户号各计量点的用电电量，以月度为结算周期，全电量采用固定价格方式结算，即各分时段均按固定价格结算。市场化成交电价按照固定价格____元/千瓦时结算。

甲乙双方约定全部电量（□是/□否）设置封顶价格。封顶价格为零售套餐参考价格基础上上浮____%（不超过最大上浮系数）。当固定价格高于封顶价格时，按照封顶价格结算。

甲乙双方约定（□是/□否）购买绿电及购买绿电电量。

（三）比例分成套餐

甲方用电户号各计量点的用电电量，以月度为结算周期，全电量采用比例分成方式形成的价格结算。

最终交易结算电价＝交易基准价－（交易基准价－零售套餐参考价格）×甲方分成比例。

甲乙双方约定，交易基准价为____元/千瓦时。全部电量参照零售套餐参考价格进行比例分成。交易基准价与零售套餐参考价格差值为正的部分，____%比例归甲方所有，剩余比例归乙方所有，差值为负的部分，____%比例由甲方

承担，剩余比例由乙方承担。

甲乙双方约定全部电量（□是/□否）设置封顶价格。封顶价格为零售套餐参考价格基础上上浮____%（不超过最大上浮系数）。当按比例分成方式形成的最终交易结算电价高于封顶价格时，按照封顶价格结算。

甲乙双方约定（□是/□否）购买绿电及购买绿电电量。

四、零售套餐参考价格

（一）零售套餐参考价格

每个零售用户的零售套餐参考价格由分时参考价格按照该用户分时用电量加权计算形成，计算公式为：

$$P_{套餐,i} = \sum_t (Q_{用户,i,t} \times P_{套餐,t}) / \sum_t Q_{用户,i,t}$$

式中：时段 t 从 0 点起按照每半小时为 1 个时段，一日划分为 48 个时段；$Q_{用户,i,t}$ 为零售用户 i 全月各日在时段 t 用电量之和，计算公式为：

$$Q_{用户,i,t} = \sum_d Q_{用户,d,t}$$

式中：$Q_{用户,i,d,t}$ 为零售用户 i 在 d 日时段 t 的用电量。

（二）零售套餐分时参考价格

分时参考价格按自然月分别计算，按每半小时形成每月 48 个分时参考价格，分别为对应时段年度交易分时均价、月度交易分时均价和现货市场分时均价的加权平均值，相关权重由市场化交易相关工作通知确定，计算公式为：

$$P_{套餐,t} = k_{年度} \times P_{年度,t} + k_{月度} \times P_{月度,t} + k_{现货} \times P_{现货,t}$$

式中：$P_{年度,t}$、$P_{月度,t}$、$P_{现货,t}$ 分别为时段 t 年度交易分时均价、月度交易分时均价和现货市场分时均价；$k_{年度}$、$k_{月度}$、$k_{现货}$ 分别为其权重。

（三）现货市场分时均价

时段 t 的现货市场分时均价由各日 t 时段日前市场价格和实时市场价格加权形成，计算公式为：

$$P_{现货,t} = \sum_d [Q_{日前,d,t} \times P_{日前,d,t} + (Q_{实际,d,t} - Q_{日前,d,t}) \times P_{实时,d,t}] / Q_{实际,t}$$

式中：$Q_{实际,d,t}$ 为全体直接参与市场交易用户在 d 日时段 t 的实际用电量；$Q_{日前,d,t}$ 为全体直接参与市场交易用户在 d 日时段 t 的日前市场电量，$P_{日前,d,t}$ 为日前市场 d 日时段 t 的统一结算点价格，$P_{实时,d,t}$ 为实时市场 d 日时段 t 的统一结算点价格。$Q_{实际,t}$ 为全月各日在时段 t 的全体直接参与市场交易用户总实际用电量，计算公式为：

$$Q_{实际,t} = \sum_d Q_{实际,d,t}$$

（四）年度（月度）交易分时均价

时段 t 的年度（月度）交易分时均价由年度（月度）交易总体均价按照现货市场月度分时价格曲线折算形成，计算公式如下：

$$P_{年度,t} = P_{年度} \times P_{现货,t} \times \sum_t Q_{实际,t} / \sum_t (Q_{实际,t} \times P_{现货,t})$$

$$P_{月度,t} = P_{月度} \times P_{现货,t} \times \sum_t Q_{实际,t} / \sum_t (Q_{实际,t} \times P_{现货,t})$$

式中：$P_{年度(月度)}$ 为年度（月度）交易总体均价，指省内交易平台组织开展的各类年度（月度）中长期交易的加权平均价格，具体以浙江电力交易平台披露信息为准。

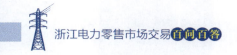
附录 4: 浙江省电力零售套餐表单

一、市场价格联动套餐

用户户号	自动生成	用户名称	自动生成
售电公司统一社会信用代码	自动生成		
售电公司联系人电话	自动生成		
起始月份		终止月份	
在零售套餐参考价格基础上□上浮/□下浮价格（元/千瓦时）			
（□是/□否）设置封顶价格			
封顶价格上浮系数			
封顶电量比例为 100%			
（□是/□否）购买绿电			
购买绿电电量（千瓦时）			
绿电起始月份		绿电终止月份	

二、固定价格套餐

用户户号	自动生成	用户名称	自动生成
售电公司统一社会信用代码	自动生成		
售电公司联系人电话	自动生成		
起始月份		终止月份	
固定价格（元/千瓦时）			
（□是/□否）设置封顶价格			
封顶价格上浮系数			
封顶电量比例为 100%			
（□是/□否）购买绿电			
购买绿电电量（千瓦时）			
绿电起始月份		绿电终止月份	

三、比例分成套餐

用户户号	自动生成	用户名称	自动生成
售电公司统一社会信用代码	自动生成		
售电公司联系人电话	自动生成		
起始月份		终止月份	
交易基准价 （元/千瓦时）			
零售用户分成比例 （零售套餐参考价格低于交易基准价）		零售用户分成比例 （零售套餐参考价格高于交易基准价）	
％		％	
（□是/□否）设置封顶价格			
封顶价格上浮系数			
封顶电量比例为100％			
（□是/□否）购买绿电			
购买绿电电量（千瓦时）			
绿电起始月份		绿电终止月份	

附录 5：信用修复资料清单

信用修复应提供以下资料（均需加盖公章）：

（1）法定代表人签字的《信用修复申请书》。

（2）营业执照复印件及企业法定代表人身份证明复印件。

（3）已纠正失信行为，消除不良影响的证明材料（根据信用主体具体失信行为而定）。

附录 6：信用修复申请书

浙江电力交易中心有限公司：

我单位＿＿＿＿＿＿＿＿＿＿，统一社会信用代码：＿＿＿＿＿＿＿＿＿＿，

联系人姓名：＿＿＿＿＿＿，联系方式＿＿＿＿＿＿＿＿＿＿，身份证件类型及

号码：＿＿＿＿＿＿＿＿＿＿（证件类型）/（号码）。我公司已完成失信

行为＿＿＿＿＿＿＿＿＿＿的整改，现申请信用修复。

我公司郑重承诺如下：

一、已按照法律法规和政策要求，及时修正失信行为、消除失信不良影响、完成彻底整改。

二、所提供资料均合法、真实、准确和有效。

三、在信用修复完成后，继续严格遵守国家法律、法规、规章和政策规定，依法守信从事生产经营活动；自觉接受政府、行业组织、社会公众、新闻舆论的监督，积极履行社会责任。

四、若违背上述承诺内容，自愿接受相应失信处罚且两年内不得再进行信用修复，自愿接受对违背承诺情况的通报和公示，并承担相应法律责任。

单位名称（盖章）：

法定代表人签字：

年　月　日

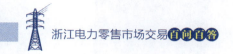

附录 7：新型储能企业注册、注册信息变更申请附件材料要求

一、材料要求

序号	材料名称	说明
1	营业执照	系统填报与营业执照信息一致
2	法定代表人身份证	正面、国徽面，法定代表人与营业执照一致，身份证在有效期内
3	第一联系人授权文件	（1）按统一模板填写，加盖企业公章，模板见附件1； （2）如第一联系人为法定代表人，请上传法定代表人身份证
4	项目核准（备案）文件	（1）项目备案信息表，可在浙里办下载（搜索"投资在线平台"，输入项目单位可查询）； （2）备案表中项目单位与注册信息一致
5	并网调度协议	（1）协议在有效期，不可临近过期； （2）乙方名称与注册企业名称一致； （3）协议首页及签署页须有签订日期，且时间在注册申请之前
6	入市承诺书	按统一模板填写，法定代表人签字、加盖企业公章并填写承诺时间，模板见附件
7	其他补充材料	如有可提供补充性说明材料

注 上传交易平台的电子扫描件，需统一使用 pdf 格式，一份材料扫描成一个文件，单个文件不能超过 20MB。如新型储能企业注册信息变更，则对应附件材料应一同更改。

附录 8：虚拟电厂（含负荷聚合商、分布式新能源聚合商） 注册申请表

申请日期	年　　月　　日	
企业种类	□虚拟电厂　□负荷聚合商　□分布式新能源聚合商	
企业信息	中文名称	
	英文/拼音简称	
	统一社会信用代码	
	法定代表人签字	
	单位地址	
	省（市）	（单位盖章）
	电话	
	传真	
办理人信息	姓名（签名）	
	证件类型	□身份证　□港澳通行证　护照　□其他：
	证件号码	
	电话	
	电子邮件	
	通信地址	
	邮政编码	
备注		

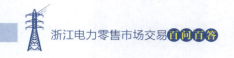

附录9：虚拟电厂（负荷聚合商、分布式新能源聚合商）经营主体信用承诺书

_____（市场成员名称），系一家具有法人资格/经法人单位授权的［虚拟电厂（负荷聚合商、分布式新能源聚合商］经营主体〕企业，企业所在地为_____，在_____市场监督管理局登记注册，统一社会信用代码：_____，法定代表人：_____，住所：_____，资产总额：_____元，供电电压等级_____千伏（拥有配电网运营权的市场主体填写），供电范围_____拥有配电网运营权的市场主体填写）。

本企业严格遵循国家/浙江省参与电力市场的各项注册条件，严格按要求配备参与电力市场交易的人员、技术条件，自愿参与电力市场交易，并公开作出如下承诺：

1. 本企业是按照《中华人民共和国公司法》登记注册的企业法人。

2. 本企业严格按照注册条件规定的代理电量范围开展业务。

3. 本企业拥有 10 名及以上具有劳动关系的全职专业人员，掌握电力系统基本技术、经济专业知识，具备风险管理、电能管理、节能管理、需求侧管理等能力，有电力、能源、经济、金融等行业 3 年及以上工作经验；其中，拥有 1 名及以上高级职称和 3 名及以上中级职称的专业管理人员，技术职称为电力、经济、会计等相关专业。

4. 本企业具有与代理电量规模相适应的固定经营场所及电力市场技术支持系统需要的信息系统和客户服务平台，能够满足参加市场交易的报价、信息报送、合同签订、控制执行、客户服务等功能。

5. 本企业将按时办理完成和正确使用电力交易平台第三方数字证书认证，保障账号和电力交易平台数据安全。

6. 本企业严格按照规定向电力交易机构报送相关资料和信息，同意电力交易机构对我单位满足注册条件的资产、人员、经营场所、技术支持系统等信息和证明材料对外公示，并保证公示和提交的材料信息完整、准确、真实，不存在弄虚作假、误导性陈述或者重大遗漏的情况。

7. 本企业对参与电力市场交易相关政策和规则已全面了解，知悉参与电力市场交易应负的责任和可能发生的风险，并将严格按照国家法律法规和相关文件规定、市场规则和交易机构有关规定从事交易活动。

8. 本企业承担保密义务，不泄露客户信息。

9. 本企业严格参照国家/省（区、市）颁布的合同范本与用户签订合同，提供优质专业的服务，履行合同规定的各项义务。

10. 本企业按照国家有关规定，在电力交易平台、"信用中国"网站等政府指定网站上公示公司资产、经营状况等情况和信用承诺，按要求提供信用评价相关资料和信息，依法对公司重大事项进行公告，并定期公布公司年报。

11. 本企业自愿接受政府监管部门的依法检查，发生违法违规行为，接受政府执法部门及其授权机构依照有关法律、行政法规规定给予的行政处罚，并依法承担赔偿责任。

12. 本企业严格执行国家、省级政府或政府相关部门、能源监管机构、电力交易机构制定的各项制度、规则，保证诚实守信、遵纪守法，积极履行企业社会责任和职责义务。本企业及其负责人无不良信用记录。

虚拟电厂（负荷聚合商、分布式新能源聚合商）经营主体须对1～12条内容作出承诺，拥有配电网运营权的虚拟电厂（负荷聚合商、分布式新能源聚合商）经营主体在1～12条基础上还须对以下13～19条内容作出承诺：

13. 本企业承担经营区域内配电网安全责任，确保承诺的供电质量。

14. 本企业服从电力调度管理和相关用电管理。

15. 本企业按照规划、国家技术规范和标准投资建设经营区域内配电网，按照政府核定的配电区域从事配电业务,负责经营区内配电网运营、维护、检修和事故处理,无歧视提供配电服务,不干预用户自主选择。

16. 本企业具有健全有效的安全生产组织和制度,按照相关法律规定开展安全培训工作,配备安全监督和管理人员。

17. 本企业具有与承担配电业务相适应的机具设备和维修人员,承担对外委托有资质的承装(修、试)队伍的监管责任。

18. 本企业具有与配电业务相匹配并符合调度标准要求的场地设备和人员。

19. 本企业承诺履行电力社会普遍服务、保底供电服务义务。

以上承诺如有违反,本企业愿意承担相应责任,并接受处罚和相关惩戒措施。

承诺单位(盖章):

法人代表(签字):

承诺时间: 　　年　　月　　日

附录 10：虚拟电厂（含负荷聚合商、分布式新能源聚合商）入市承诺书

（虚拟电厂/负荷聚合商/分布式新能源聚合商名称），系一家具有法人资格/经法人单位授权、依法存续的民事主体，统一社会信用代码：_____，本主体住所地为：_____，法定代表人/负责人：_____。

本主体公开作出如下承诺：

1. 本主体具有独立法人资格/经法人单位授权，财务独立核算、信用良好、能够独立承担民事责任。

2. 本主体符合浙江电力市场准入条件，符合国家和浙江省的产业政策和环保标准，所处行业符合国家、浙江有关规定和要求，符合负面清单管理规定，并承诺如下事项：

（1）与电网企业签订负荷确认协议或并网调度协议，接入新型电力负荷管理系统或电力调度自动化系统。

（2）具备电力、电量数据分时计量与传输条件，数据准确性与可靠性满足结算要求。

（3）具备聚合可调节负荷以及分布式电源、新型储能等资源的能力。

（4）具备对聚合资源的调节或控制能力，拥有具备信息处理、运行监控、业务管理、计量监管、控制执行等功能的软硬件系统；聚合范围、调节性能等条件应满足相应市场的相关规则规定。

3. 本主体保证诚实守信、遵纪守法，积极履行社会责任和职责义务。本主体承诺本主体及其法定代表人、高级管理人员等均无不良信用记录。

4. 本主体严格按照规定向浙江电力交易中心有限公司（以下简称"浙江电力交易中心"）报送相关资料和信息，承诺与本主体在浙江电力交易平台（https：//www.zjpx.com.cn）所登记信息保持一致，保证登记和提交的材料信息

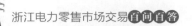

真实、准确、完整，不存在弄虚作假、误导性陈述或者重大遗漏的情况。

5. 本主体已全面了解参与浙江电力市场交易相关政策和规则，知悉参与浙江电力市场交易应承担的责任和可能发生的风险，随时关注交易相关政策和规则的调整。本主体承诺严格执行国家、浙江省政府相关部门、能源监管机构、浙江电力市场管理委员会、浙江电力交易中心制定的各项法规、政策、规则和细则，按照有关规定从事交易活动。

6. 本主体自愿接受浙江省政府相关部门、能源监管机构的监督检查，如有发生违法违规行为，接受浙江省政府相关部门、能源监管机构及其授权机构依照现行有关法律、行政法规作出的行政处罚，并依法承担相应责任。

7. 本主体自愿使用浙江电力交易平台及其他相关交易设施进行交易，承诺自觉维护浙江电力交易平台的安全，遵守相关保密规定和数据安全规定。本主体知晓浙江电力交易中心向本主体提供的各种信息及资料仅作为交易参考，本主体对提供的信息及资料进行独立分析、判断，据此产生的交易风险自担。

8. 本主体自行承担浙江电力交易平台账户密码的保存和保密责任，使用浙江电力交易平台账户和交易密码所进行的一切操作和交易，即为本主体行为，本主体自行承担市场交易风险和后果。因本主体未更改交易账户初始密码或密码保管不妥引发的一切损失自行承担。

9. 本主体按照国家有关规定，按要求提供信用评价相关资料和信息。本主体按照浙江电力市场规则及时披露有关信息，并对所提供信息的真实性、准确性和完整性负责。为维护市场运营和组织电力交易所需，浙江电力交易平台有权收集和使用本主体参与电力市场交易的相关信息，但不得损害本主体合法权益。

10. 本主体确认浙江电力市场交易的电量、电价等数据均以浙江电力交易中心在浙江电力交易平台发布的交易结果为准执行。本主体将根据能源监管机构提供的合同示范文本及时签订交易合同。

11. 本主体承诺如出现交易情况异常，浙江电力交易中心有权采取相应的风险管理措施，依法依规干预市场，预防市场风险。

12. 本主体同意：

（1）因地震、台风、水灾、火灾、战争及其他不可抗力因素导致损失的，浙江电力交易中心不承担任何责任。

（2）因不可预测或浙江电力交易中心无法控制的系统故障、设备故障、通讯故障、停电等突发事件给本主体造成的损失，浙江电力交易中心不承担任何责任，因上述事故造成交易数据中断或丢失，交易恢复后以故障发生前电子交易系统最后记录的交易数据为有效数据。

以上承诺如有违反，本主体愿意承担相应责任，并接受相关处罚和管理措施。

承诺主体（盖章）：

法定代表人/负责人（签字）：

承诺时间： 　年　月　日